MELHORES POEMAS

Ruy Espinheira Filho

Direção
EDLA VAN STEEN

MELHORES POEMAS

Ruy Espinheira Filho

Seleção
SÉRGIO MARTAGÃO GESTEIRA

São Paulo
2011

1ª Edição, Global Editora, São Paulo 2011

Diretor Editorial
Jefferson L. Alves
Gerente de Produção
Flávio Samuel
Coordenadora Editorial
Arlete Zebber
Revisão
Ana Carolina Ribeiro
Tatiana F. Souza
Capa
Victor Burton

Dados Internacionais de Catalogação na Publicação (CIP)
(Câmara Brasileira do Livro, SP, Brasil)

Espinheira Filho, Ruy
Melhores poemas: Ruy Espinheira Filho / seleção Sérgio Martagão Gesteira. – São Paulo: Global, 2011. – (Coleção Melhores poemas / direção Edla van Steen)

Bibliografia
ISBN 978-85-260-1597-5

1. Poesia brasileira I. Gesteira, Sérgio Martagão. II. Steen, Edla van. III. Título. IV. Série.

11-09061 CDD-869.91

Índice para catálogo sistemático:

1. Poesia : Literatura brasileira 869.91

Global Editora e Distribuidora Ltda.
Rua Pirapitingui, 111 – Liberdade
CEP 01508-020 – São Paulo – SP
Tel.: (11) 3277-7999 – Fax: (11) 3277-8141
e-mail: global@globaleditora.com.br
www.globaleditora.com.br

Obra atualizada conforme o **Novo Acordo Ortográfico da Língua Portuguesa**

Nº de Catálogo: **2843**

Sérgio Fuzeira Martagão Gesteira é carioca, formado em Letras pela Universidade Federal do Rio de Janeiro (UFRJ), onde também concluiu o mestrado e o doutorado. É professor de Literatura Brasileira na UFRJ, tendo lecionado por vários anos em universidades francesas e na Universidade de Viena, na Áustria. Fez o pós-doutorado na Universidade Federal do Rio Grande do Sul. Contista (*Novos contistas, O convento das alarmadas*), foi o vencedor do Concurso Nacional de Contos do Paraná, em 1976. Autor de artigos em revistas especializadas do Brasil e do exterior, obteve, em 2000, o Prêmio Mário de Andrade para ensaio literário da Fundação Biblioteca Nacional, com *A carne da ruína*: a representação do excesso em Augusto dos Anjos. Em 2005, organizou e estabeleceu o texto da *Obra reunida* de Dante Milano, publicada pela Academia Brasileira de Letras.

LÍRICA DA PRÉ-SAUDADE

e o coração só me pulsa/ sombras do Ido e do Incerto
("Canção de depois de tanto", in *Memória da chuva*)

A saudade antecipada/ da vida.
("Saudades", in *A cidade e os sonhos*)

Com que contundência estende o tempo o arco do seu incansável curso, convertendo todo o ir em prenúncio do perder-se, e todo o ido em anúncio do perdido? Quanto aportam, às cenas da memória, as águas desse eterno fluir, a cobrirem com suas marcas de perda, como *a chuva/ [que] chora no rosto dos muros* ("A chuva, uma história"), o que não cessa de nascer e renascer? Como se atravessada por essas indagações, reavivando-as em perplexidade na escavação do mundo e de si (*Onde um regato de calma/ em que derramar a alma?*, "Perguntas na sombra"), a poesia de Ruy Espinheira Filho elabora seus quadros líricos.

Estes, imersos num eu de perpétua recordação (*O que respiro é ontem*, "Praça da liberdade"), exibem paisagens de *sombras luminosas* (título de um dos livros do poeta), sob tons de aflita melancolia. Já nas primícias da infância revisitada, ou *nas diamâncias// do amor* ("A falta"), há, nessa poesia, o insistente interpelar de um real desiluso (*num mundo/ de onde partiram as fadas*, "Canção da alma estagnada"), perpassado, de maneira inesgotável, de fraturas e ausências, no assinalamento da falta-que-sempre-falta (*Falta alguma coisa./*

Falta desde sempre, "A falta"), a qual, na vivência do tempo, aciona e sustenta a construção da saudade.

Daí discernir-se, no universo poético de Espinheira Filho, a dolorida sombra de uma paisagem cansadamente estendida para a luz, em que tudo *Viria luminoso e bom. Viria imensamente/ luminoso e bom. Como não veio* ("Aqui, antes da noite"); onde nada, a rigor, logra deter o ensombrecer-se de um tempo que se infiltra nos *tristes, carcomidos/ escombros* ("Viagem") do presente. Não que a claridade deixe de banhar as paisagens do poeta – os dias claros, calmos, o céu azul, os *amplos espaços azuis* ("A chuva, uma história"), ou a luz azul que baixava dos olhos do pai ("O pai"), lá se mostram, e envolvem as benfazejas lembranças da infância ("*Em seu olhar havia um dia/ claro como os da infância,* "Soneto do Anjo de maio"). Mas, como o expressa a "Primeira elegia urbana" do *inquilino do incêndio* (do livro *As sombras luminosas*), a qual concentra muitas das imagens do azul presentes na obra, o *azulecer* pouco a pouco *empalidece,* sob *o tom [...]/ mais desmaiante do azul.* O poema, que deplora esse arrefecimento (*quanto matiz se perdeu!*), fecha-se num crispado e sintomático *Onde era azul/ cresce um vácuo negro.*

Embora as cenas, aqui, se refiram à passagem do dia para a noite no espaço urbano, é possível lê-las, também, para além do quadro natural, com o valor de metáfora do anoitecer da alma, em perda congruente com o transcurso do tempo portador do ocaso. Tal ensombrecer-se constrange, em larga escala, o advento e a potencial celebração do mundo, cujo corpo, imerso em nostalgia, exibe os danos da visitação de Cronos, tanto mais severa quanto se alastra por tudo e por todos e, porque assim os atropela, subtrai-os do plácido reino da serenidade, lá onde talvez brotassem *pétalas ilusinógenas* ("Pêndulo") num jardim de sonhos, promissor. É que o drama da estiagem do tempo, nos agônicos destroços que carreia para a mais dolorosa memória, é já a ferida privativamente humana: *Não há adeuses/ nos pássaros,/ nos cães, nos insetos,/ nas galáxias que se fazem e refazem/ esplendorosamente/ para deleite de deus/ nenhum./ Só em nós/ há adeuses* ("Adeuses", de *Elegia de agosto e outros poemas*).

Assim, o modo com que o tempo traduz para o sujeito a presença do mundo enseja o nascimento de um lirismo em que vibra a nota de um vivo desamparo, oriundo da aproximação e da gradual interiorização da experiência do vazio. Tudo ali converge para a pintura da vida sob a prévia sombra do que, logo ou mais adiante, haverá de claudicar, e será alta perda, e se somará às perdas já perdidas. Vasta e contundente ressonância, pois, de destituições cumulativas – vasta, como, em "Aniversário", este *Perdi colegas, namoradas, cães./ Perdi árvores, pássaros, perdi um rio/ e eu mesmo nele me banhando./ Isto o que ganhei: essas perdas*, ou, ainda, como em "Oferta" (do livro *Morte secreta e poesia anterior*): *Extintos gorjeios/ em ramos há muito/ mortos; companheiros/ mortos; mortas noites,/ tarde, auroras*; e ressonância contundente, eis que a ausência recolhe as sobras das presenças idas e vividas, agora captadas em doloroso esfacelamento: *Escuto o tempo fluindo/ no rumor azul da tarde./ E sinto-o ventar em mim/ e doer bem onde arde/ meu coração – doer com/ incontáveis estilhaços/ de idos objetos e/ de mim mesmo* ("Fuga"). O extenso poema "O pai", de *A canção de Beatriz e outros poemas*, concentra sentidas alusões ao quadro dessas perdas radicalíssimas.

Na lida inglória com o tempo, a *alma,/ essa turva água* ("Espumas", do livro *Elegia de agosto e outros poemas*), derrama-se em paisagens mortalmente feridas. A natureza se apresenta em cenas que memoram a inscrição da morte nos seres, como no açude, do poema homônimo, de *A cidade e os sonhos*, carregado de elementos evocadores da fatal voragem: *Desde o início percebi/ que esperavas por mim./ Desde o meu primeiro olhar/ à tua noite pesada.// Que esperavas por mim/ com tua alma fria e vasta,/ com tuas baratas-d'água,/ com tua esquistossomose,/ teus anjos feitos de lama,/ sombras, cadáveres de árvores./ [...]/ Que me querias (e me queres),/ como quiseste (e até foste/ buscá-los bem junto à margem)/ meninos, homens, mulheres*. Império da falta mais extrema, que se expande em nostalgia de flora e fauna, dessas *árvores/ [que] se enraízam/ em nosso peito* ("Pêndulo"), vistas e revividas na infância definitivamente consumada: *Ficaram as casuarinas/ e acenam/ quando o vento chega à praça/ como se ainda existisse o menino/ que entendia o seu código de ramos* ("Árvore (III)", de *Morte secreta e poesia anterior*); ou na memória de extintos pássaros, como *Os canários mortos/ voando na sala,/ através do tempo,/ das coisas, de mim* ("As sombras luminosas", fragmento "IV – Os canários"), para configurar-se como o mágico descortino de tão idas (e nunca findas...) andorinhas: *Nisto pensas,/ olhando as andorinhas/ mortas há vinte anos e que voam/ ao pôr do sol* ("Do amor", do livro *As sombras luminosas*).

A passagem do dia refrata-se nesse paciente trabalho em que o tempo se converte em *distância ânsia*, como se afigura na evocação de uma tarde em "Canção para Clarissa" (de *A canção de Beatriz e outros poemas*); também nas depressoras inflexões da luz, que se interioriza, em "A inelutável canção": *Há pouco era dia/ – e já não é mais!/ Faz escuro e ouvimos/ um silêncio fundo./ Um silêncio podre/ que sobe de nós/ – e das sombras dos/ extintos quintais*; ainda neste horizonte crepuscular, na bela imagem do poente como ruína: *Alguém cantava, longe, acalentando/ os escombros do ocaso,* de "Depois", que se anunciara já na expressiva pintura de *enquanto o sol desce/ ao túmulo*, de "Um baile da infância".

No acolhimento sensível do efêmero, a lírica de Ruy Espinheira Filho volta-se para as brisas e ventos que acodem de forma generosa às paisagens de seus poemas, a tal ponto de um de seus livros intitular-se, precisamente, *Julgado do vento*. Metáfora, na tradição poética, de trânsito e efemeridade, o vento constitui nesta obra, como na de um Joaquim Cardozo, um motivo expressivo, cujos matizes estão por merecer estudo mais acurado. Em Espinheira Filho, talvez mais do que na violência que se representa em seu "Poema para Matilde" – *E sentirás nos olhos/ o gume das areias/ lançadas por um vento/ feroz* –, e antes pelo amargo travo da fugacidade, no que esta evoca a falência unânime dos seres, o *vento que sopra o tempo* ("Fuga") propicia o acesso aos fragmentos e aos modos lutuosos da falta, como dão a ver estes exemplos: *outros olhos [...]/ seguem o vento/ através da ausência do que se abria/ em ramos folhas flores frutos* ("Poções revisitado: algumas notas", fragmento "Árvore (I)"); *da árvore/ assassinada. Também há flores/ negras, queimadas/ por esse vento* ("Aqui, antes da noite"); ou *o vento do jardim ainda soprava/ as palavras que ouvira: a sua morte*, do "Soneto de uma morte"; por fim, nesta pesarosa lição de que *o vento/ canta/ que ninguém volta* ("Ulisses").

Na ambiência urbana, o terreno, as habitações – suas janelas, aposentos, móveis – e até os sinais do mínimo empenho construtor cimentam a via em que transitam para o fechado horizonte do tempo os exilados pelo ocaso ou pela morte: no solo já menos virgem de "Calçamento" (fragmento de "Poções revisitado: algumas notas"), em que *Os paralelepípedos/ recobrem as cinzas das fogueiras/ a areia com as marcas dos nossos pés*; nas casas, em que quase sempre *Toda a casa é algo de novo/ sob a lua. No entanto,/ a morte já a tocou* ("Nesta varanda") – e tanto a terá tocado que a moradia se apresenta como o espaço intervalar, lacunoso, entre o irrealizado e o desrealizado: *A casa não se descreve:/ sente-se. Aqui permanecem/ todos: dos que não vieram/ àqueles que já partiram* ("Notícia da casa") –; e nas janelas das casas: *à luz do pátio,/ elas me esperam, as janelas./ Em vão, que já não posso/ ir,/ que aquele que sabia/ ir/ era outro, muito mais/ antigo* ("As janelas"); e nos quartos, onde o presente se debruça sobre um passado que já o adivinhava, na convincente e circular passagem de "Tardes": *Nesta tarde há outra tarde/ sem este quarto tão cheio/ de livros:/ sem este homem/ quase velho, que escreve/ estas palavras;/ [...]/ e um menino/ andando – o passo tão leve –/ na rua em que mora um anjo,// enquanto sonha uma tarde/ onde um homem quase velho,/ num quarto cheio de livros,/ vai escrevendo esta história*; ou até mesmo numa, apenas, gaveta, do antológico "Os objetos": *Na gaveta, dormindo/ sob cartas e poemas,/ o revólver aguarda.*

A perenidade, assim, da falta, renovando e sobrecarregando o advento do mundo, dota-o de saudosa ressonância prévia, conferindo, sob o transcurso do tempo, às sombras prospectivas do não ser a proeminência lírica sobre o ser. Em outros passos, a lembrar um tanto a bela passagem de *Ó tocadora de harpa, se eu beijasse/ Teu gesto, sem beijar as tuas mãos!*, de Pessoa, e como potencialidade evocativa não da pura ausência – em Ruy Espinheira Filho, como neste *Bebo e escuto as árvores/ se elevando do chão*, de "A sarça, o vento, a chama", sua concreta poesia se debruça sobre a física densidade do real –, mas, em outros passos, dizíamos, como cristalização afetiva propiciada pela memória, descerram-se novas formas de presença e de plenitude: *O que ficou/ além do enlace/ é o que mais foi/ preso pelo gesto.// O que não foi/ tocado é o que/ deixou sua marca/ mais nítida na mão.// A gaiola vazia/ é onde habita/ o que há de mais belo/ em gorjeio e pássaro* ("Os bens maiores"). Outras vezes, contudo, coração e mundo dessincronizam-se de maneira radical, e o descompasso aciona apenas o gesto tardio, oco: *Só depois é que amamos/ a quem tanto amávamos;/ e o braço se estende, e a mão/ aperta dedos de ar* ("Descoberta").

Sob o reiterado peso das perdas, entretanto, e como se assim as compensasse, a ausência propicia o acesso imaginário a um real pleno, destituído agora da originária caducidade. Atento à *música do rio* e a outros fragmentos da memória, o poeta considera o tempo perdido e o vislumbra como banimento da falta: *Tomando o teu barro/ nossos dedos moldam/ como angelizados/ um mundo ideal* ("Tempo perdido"). Também, em "A música recusada" (do livro *Heléboro*), se fará referência a uma *Paraisada manhã*. Em outro passo, como se consumando o lamartiniano *Ô temps, suspends ton vol!*, o poeta recupera e paralisa, à sua discrição, um mês e suas (deste e dele) sonhosas meninas: *As meninas/ passeiam na praça. [...]/ Ele as reencontra/ quando quer, na praça/ de perene abril* ("As meninas"). Ou arranca do concreto solo histórico algumas lembranças que se vestem da leveza própria ao encantamento: *Às vezes penso que tudo/ não foi,/ nunca houve um tempo em que eu tivesse/ dezessete anos* ("Insônia").

De regra, essa emergência do passado é abrupta, eclode: *De súbito, como uma brisa/ tua lembrança* ("De outra vida", de *Elegia de agosto e outros poemas*). Ou, como em "Elegia": *A criança brinca com um martelo/ que cai sobre o meu coração.* O tempo, como o rio que, em "Eurídice, Orfeu", se perde em *águas/ sujas/ como a memória*, invade o presente e, opondo-se à tênue moldura idealizante de outras passagens, desloca-o, às vezes, para margens tão já passadas que nunca, a rigor, ultrapassadas – tirânico renascer, agora, de figuras femininas nas imagens diletas e obsedantes do erotismo: *Não mais esta lembrança. Não mais essa/ deusa vinda do rio/ [...]/ porém /nada se vai, não passa* ("Esplendor", de *Memória da chuva*); ou o que esplende nas sombras de "Noturno", do mesmo livro: *vejo/ um lago esquecido há trinta anos;/ uma moça que não se vai nunca, /nunca*; ou nestes joelhos, camoniamente *postos em sossego*, mas que revêm, *ardendo* ("Soneto dos incomparáveis joelhos", de *Elegia de agosto e outros poemas*), e retornam no tempo congelado de "Insônia", do mesmo livro: *Há mais de trinta anos os teus joelhos/ ao sol.*

Essa cristalização do tempo ainda algo imune às ceifas do devir tem, em Ruy Espinheira Filho, a infância como o foco primordial para onde se volta e em que se expande a atenção lírica. De forma taxativa isso se dá pela arraigada proveniência do *que era para ser sem fim./ Como o resto de infância ainda em mim* ("Mãos"). Esse *ainda*, entretanto, não é indício de algo, ao cabo, passível de futuro banimento, como se de um tempo provisoriamente insepulto. Porque – um enfático verso o enuncia – *a infância é sempre* ("Sempre"). Nela, o protagonista é um sempiterno menino, e o que mais o frequenta é o extenso legado de imagens diletas, luminosas, de que ele se tornou palco, e em que o tempo não cessa de encenar-se. Pois os sonhos, potencializados pelo vigor da memória que recobra os fragmentos da paisagem física e humana da infância, atuam como sujeito propulsor da aproximação afetiva do mundo, tornando o eu poético, ao rever-se no distante menino que ainda e sempre o habita, o lócus da apreensão circular do tempo e, pela pátina de nostalgia que a impregna, da experiência cíclica da saudade: *E sou um menino/ contendo um homem que contém/ um menino* ("Inúmero"). Essa circularidade estende-se também à dinâmica do devaneio a perpassar esta "Memória" de *Julgado do vento*: *No silêncio, ele,/ o menino, sonha/ seios, cães, perdizes.// Sonha e é sonhado.*

Com efeito, a obra de Ruy Espinheira Filho trabalha com fina sutileza a ocorrência no sujeito de seus sonhos caros, não como pura ou lacunosa atividade onírica, nem como aspiração imaginária da vigília, que o eu, com afã e zelo, registrasse; mas, e no desenho de uma fecunda imbricação, como vigorosa matéria que convoca e põe a mover a experiência poética como um todo, de tal forma que o sonhador se torne sonhado por um sonho que dele também se servisse para sonhar-se. Densas volutas do devaneio aí se vão plasmando, como em "Flor": *Pois [os sonhos]/ [...]/ não/ cessam de sonhar,/ de se sonhar/ em nós*. Sonho que não é mera deriva antagônica ao mundo, ou encastelamento em névoas supra-históricas e inefáveis, nem atribulado encadear-se de fragmentos de mais caótica sintaxe, de que o verso fosse, afinal, a fiel e atordoada consignação; mas pleno, cuidadoso acolhimento memorial do ser, como se lê em outro poema também intitulado "Sempre", já agora de *A cidade e os sonhos*, onde a voz lírica reitera que *Tudo é sonho/ tudo é memória*, habitados, este e esta – completemos – pela seletividade das fontes das quais deriva o imaginário do poeta. Faceta das mais reconhecíveis na obra, ensejando cenas ricas na autoapreensão do sujeito, os territórios privativos de sonho, realidade e pensamento se esgarçam e elaboram recíprocas tessituras, um tanto como a expandir o vislumbre muriliano de "Despedida de Orfeu", de ser o homem um *cripto-vivente*, um *sonho sonhado pela vida vã*. Em Espinheira Filho, surpreende-se a rica trama em que sonhador e sonhado se imbricam num sonho que os move às avessas: *Não sonha, o destino,// o que somos, seremos. Nossos sonhos/ é que o sonham*" ("Mario, em seu bote inflável, no mar de Guarajuba"); *no vasto sonho que é sonhado que nos sonha/ que o sonhamos* ("Sonhos", de *Memória da chuva*); *O homem/ não pensa/ o que pensa,/ apenas/ se embala/ no que nele/ pensa* ("Crepuscular", do mesmo livro); *Esta é a cidade dos sonhos./ A que me sonhou outrora./ A mesma que agora sonho.// A mesma que sonha um sino,/ e o sino sonha um menino* ("Sempre", de *A cidade e os sonhos*).

Como se menino e sonho constituíssem, pois, nesse exemplo, seres de continuidade, presença una, frequentemente a referência a menino, na obra, se faz acompanhar dos sonhos do menino. Ambos integram o mesmo cerne de remetimento e perpetuação da saudade, que não se restringe, aliás, à infância, uma vez que os poemas abarcam o fluxo temporal em seu amplo espectro e na variedade de seus figurantes, bem como nos afetos dessa mesma abrangência, como em "Agosto, ocaso" (de *Morte secreta e poesia anterior*): *Logo mais,/ sem acender as lâmpadas,/ lembrarei meus avós brasileiros,/ meus avós/ italianos,/ imigrantes de 1914,/ pensarei que tiveram avós e avós/ e avós/ e que de mim virão (possivelmente)/ netos e netos e netos/ e me sentirei perdido/ entre/ uma borda e outra/ do Universo.* O valor ontológico do sonho talvez provenha de seu poder suspensivo quanto ao império cáustico do real enquanto insistência da fugacidade dos fenômenos no trânsito tormentoso para o nada. Um verso que talvez aja como uma espécie de senha do sonho, como a compensar a caducidade potencial do mundo, encontra-se neste *sabor de sonho// – infenso a tempo e distância* – que se lê em "Circo", do livro *A cidade e os sonhos.*

O desamparo radical que o eu lírico experimenta, desde o enraizamento, como vimos, ao solo, à rua, à casa, ganha a amplitude cósmica de um Universo a emitir sinais de insondável imanência, alheio ao drama humano sobre o qual se dá: *o Universo. Murmúrio só,/ sem respostas* ("Inúmero"); ou na dantesca imagem de *o murmúrio/ que move o sol e as outras estrelas* ("Anotações num dia de aniversário" de *Elegia de agosto e outros poemas*). Face à imensidade sidérea, flagra-se a consistência ilusória da cintilação: *E na origem/ da luz talvez não haja/ senão a ausência da estrela* ("Inúmero"). Também a lua, muito ocorrente nos quadros do poeta, comparece ao seu lirismo com o habitual halo de mistério, mas personaliza-se pelo traço de alheamento e de desgarre, como nesta *Lua de outrora... E a de hoje?/ É a mesma alta distância./ Mesma nau indiferente/ Ao náufrago* ("Canção da lua", de *As sombras luminosas*).

Só, sob a morte ampla, extensiva ao todo cósmico – o *Universo./ Que nada lembra,/ todo imerso em se morrer/ eternamente* ("Nesta varanda") –, no exílio essencial da criatura destituída de seus risíveis *pequenos/ mitos auxiliares de cada dia/ sob o indiferente azul do céu* ("Dia de finados"), o humano, confrontando-se de modo inapelável com o presente, elide a consistência e a positividade deste tempo que o cinge, e parece atento, apenas, ao chamamento e à visitação do passado, porquanto *Tudo é memória, como a onda/ que vamos visitar e já nos habita/ antes dos nossos pés na areia da praia* ("Inúmero"). Assim também, um tanto a recordar aquela *família/ viajando através da carne* de Drummond, *o sangue/ circula em nossos corpos confortados,/ como noutros corpos antes,/ muito antes desta casa,/ de nós* ("Nesta varanda"). E até no sentido prospectivo, nos sinais aflitos da decadência física: *Está ali, e em seu rosto a sombra/ da ruga que me aguarda no espelho* ("A música recusada", de *Heléboro*), a evocar, aqui, algo do imaginário agônico de Augusto dos Anjos, mas, ao contrário deste, sem aqueles núcleos de patologia cósmica, sem as pinturas carregadas de paroxismos, inclusive os de ordem estilística.

Nas múltiplas linhas do tempo, o passado, o presente e o futuro arrastam à tona do devir a memória da fatuidade e da perpétua extinção. O evolver de tudo, em suma, é volver ao nada. Passado e futuro capturam em seus tentáculos o frágil e efêmero presente, para exibi-lo não como o aprazível cenário dos entes que o frequentam em sua plena vigência, mas como o deceptivo prenúncio da ruína em que logo se torna, a traduzir-se como farsa da permanência. Recorre aí, como se vê, o famoso *Tempus fugit*, mas sem deriva epicurista a algum *carpe diem* consolador – temos antes o carpir mesmo do dia, na penúria da expressão virgiliana do *tempo irreparável*: *Só depois aprendemos/ a trilhar o labirinto;/ mas como acordar os passos/ nos pés há muito dormidos?* ("Descoberta"). Nota pesarosa, pois, que leva o poeta a exclamar *Que forte/ é a morte!* ("Fuga") e *Tanta coisa silenciada!* ("Elegia"), apreendendo, transido e perplexo, a lição do tempo a calcinar-se. A imperiosa fossilização do presente – mas o império aqui não é apenas o do reino rítmico da natureza, senão o do atordoamento dele no sujeito – agrisalha todo nascer por lhe acentuar a fragilidade originária, impregnando a cena lírica e seus protagonistas de uma dramática intensidade, pontuada pelas perdas que a cada qual atravessou, ou promete, alguma hora, atravessar. Dolorosa hegemonia, portanto, em última instância, do passado, a destituir o que escoa pelo presente ou nele se projeta, eis que *Mais pleno é o perdido, pois o resto/ ainda não se cumpriu* ("A sarça, o vento, a chama").

Essa experiência concreta do vazio, como se longínqua ressonância do *Weltschmerz* da alma romântica, não engendra as sombras de algum tédio esparso, em vagas lembranças do *ennui* baudelairiano, nem se alimenta de ilusões metafísicas – somente à luz da infância (*país defeso/ aquém/ além do rosto/ em que o tempo verte/ seu lento vitríolo* ["Memória"]) – e de outros afetos do amor e da paixão, logra o discurso lírico esbater as agruras do tempo e a face intempestiva do *memento mori*. Talvez por tão entranhada e dramática leitura do real resulte, nesta poesia, o descortino, aqui e ali, de um *sonho que nunca finda,/ que se ata e se desata/ pelos meandros da alma* ("Sempre", de *A cidade e os sonhos*), como a dificultar que o insaciável Cronos de todo se compraza em entregar ao arder de Tânatos o ardor de Eros...

Afinal, como o apreende o eu lírico de "Aqui, antes da noite", *Sei: com o tempo/ só os mortos sobrevivem* – em que a concisão monossilábica do primeiro verbo e a ausência do conectivo em seguida parecem acentuar, no âmago do sujeito, a mais entranhada e dura consciência dos limites do real. Daí por que delinear-se, ao longo da obra, uma vivência singular do instante, tanto mais aguda quanto cedo o converte, ainda em sua eclosão, em pré-passado. Mesmo no futuro rosto do presente vislumbra-se a face pretérita do futuro, num tempo ontologicamente lutuoso, que retorna como saudade de si mesmo. Em Espinheira Filho, a presença do mundo torna-se, por vezes, captura do que, estando ainda na vigência do emergir, deste logo se escapa para abrigar-se numa futuridade retroativa, imobilizada pelo encanto, como na bela passagem de "Revelação": *Só o passado que/ aguarda no futuro/ revelará a limpidez/ maior desta tarde.// Ai que somos felizes/ agora/ mas não tanto/ como amanhã, no passado*. A assunção no sujeito lírico dessa crispada dinâmica desenha uma circularidade mitopoética do tempo, opondo-se às marcas de calcinação do devir.

Entretanto, a despeito das prometidas ruínas de Cronos em Espinheira Filho, o arraigamento ao mundo, com a vivência de um tempo a traduzir-se em falta, resulta nesses intensos quadros líricos que adensam o que neles é vida, na potência do imaginário e no empenho da memoração. Aquilo que se subtraiu ao sujeito retira o presente, de forma paradoxal, de sua congenial fugacidade – antes lhe acentua a fulguração perene. O valor do instante provirá agora do vigor com que, pela *ars poetica*, se faz perdurar o além da morte. À face trágica do presente, oriunda da violência do que o converte em passado, opõe-se a palavra da poesia que o alça para fora do nada e o faz fluir num outro tempo.

Prévia saudade, pois, como neste *Um dia recordarei/ que aqui estive, assim, à brisa/ de janeiro, folhas verdes/ acenando sobre o muro* ("Enquanto"), em versos extremamente ricos nos matizes da fruição mágica do tempo e do espaço, operando deslocamentos cujo motor é a vivência pretérita porque *o passado não passa* ("As meninas"). É o que se pode colher, ainda, na feliz imagem destes tempos que se fundem na saída de um carrossel, do poema "Pêndulo", de *Heléboro*: *Algo quebrou-se/ no carrossel/ e saltamos/ no ar/ para onde só/ esperamos: / ontem,/ outra vez, um dia.*

A intensa mobilidade que aí se delineia acentua a percepção perplexa do eu lírico quanto à sua própria e transitiva existência: *Estarei morto?/ Não estou morto: estou é lá, aqui* ("Primeiro soneto da permanência"), repercutindo na imagem de si como *campo ilusório/ em que a memória pasce* e que o *envenena* ("Soneto do corpo"). Isso decorre da posição intervalar do sujeito na incidência de um presente que parece inverter a lógica da proveniência e da destinação do fluxo temporal: *Para onde vamos é sempre ontem. Como/ de onde fugimos é sempre/ amanhã* ("Destino e fuga"). Prestígio do recordar que se antagoniza aos sequestros de Cronos, mas recordar que é também aquela *faculdade aziaga da memória* (Augusto dos Anjos), como nesta transtornada queixa do poeta: *lembrar é a minha natureza e às vezes/ um desespero* ("Insônia"). Tal incômodo o leva mesmo ao desejo de *Que tudo se vá/ e não volte mais/ [...]/ Que tudo se finde/ e só reste cinza.// Da autêntica – sem/ trapaça de fênix* ("Outro dia").

Essa imaginação-em-pesadelo do real (que se lembre aqui, neste particular, de versos tão drásticos como *quem de mim poderá/ apagar eu mesmo?*, de "Praça da liberdade"; ou este *Ó alma que eu jamais quis!*, de "Na noite alta, um assovio", de *A canção de Beatriz e outros poemas*) está submetida a um discurso que é seguro e sóbrio domínio da linguagem no que concerne à tradição poética, e que, nas obras iniciais, acusam influxo em assimilação criativa do legado, por exemplo, cabralino, como "O que ler na correspondência sentimental" do livro primeiro, *Heléboro*, ou o aproveitamento da dicção de "Um cão sem plumas" em "No banco de jardim", de *As sombras luminosas*; ou dos poetas que implícita ou explicitamente o poeta convoca à sua palavra – Dante, Sá de Miranda, Camões, Cruz e Sousa, Baudelaire, Augusto dos Anjos, Fernando Pessoa, Eliot, Bandeira, Mário de Andrade, Jorge de Lima, Drummond, Sosígenes Costa, Borges, entre outros. As imagens às vezes se adensam em recortes de talhe próximo ao estilo surrealista, de modo convincente quanto à fatura estética, sem o vezo de tediosos e obsoletos automatismos. Que se saboreiem estes sumários exemplos de domínio de conteúdos inconscientes trabalhados com fina e seletiva mestria: *os remorsos/ [...] e o que não se cumpriu: doces cavalos/ de asas amputadas, sangrando* ("Aqui, antes da noite"); *mulheres em voo loiro* ("Circo", de *A cidade e os sonhos*); ou estas águas, em suas evocações de morte: *Uma cidade [...] me fascina// com suas águas pesadas/ de onde eu poderia um dia// retornar com os olhos brancos/ do afogado cujos óculos// continuam para sempre/ fitos nos bailes profundos* ("Uma cidade", de *As sombras luminosas*); ou, como a antecipar a tão sensível apreensão visionária dos *gorjeios/ degolados* no *hálito da cidade* da "Terceira elegia urbana", o belíssimo quadro de *os pássaros/ nascendo das árvores, e a luz/ jorrando dos gorjeios/ sobre/ o princípio dos tempos* ("A sarça, o vento, a chama"). Nessa poética da luminosidade esmera-se a lírica do poeta, como nos dúcteis e talentosos tercetos de "Convite" (de *Morte secreta e poesia anterior*): *E vem ver--me, à tarde,/ guiar por um fio/ uma estrela que arde// em azul: sete pontas/ de serenidade/ entre nuvens tontas.*

Apesar de menos incidente no conjunto da obra, aqui e ali se leem poemas marcados pelo *humour*, que contrabalançam, em parte, o tom mais geral da poesia espinheiriana, como é o caso dos "Soneto do inelutável", "Soneto da ressaca", "Soneto do sábio ócio", "A vontade", "A suicida", ou um tanto da "Canção do pirata naufragado", em que também se detecta, como em outros passos, a convincente mescla estilística. De maneira semelhante, o final *anti-páthos* de "Depois da chuva e do vento" é menos incidente quanto ao desfecho habitual dos poemas, e se assinala, também por isso, a título de um contraponto.

A competente fatura dos poemas narrativos – é de lembrar ser o poeta também o autor de quase uma dezena de obras de ficção –, os matizes rímicos – como em *que guarda consigo a rosa// mais rósea, que numa tarde/ amorosa foi colhida/ numa cantiga de roda* ("Sempre", de *A cidade e os sonhos*) –, o variado tratamento do ritmo e a estrutura estrófica a fim de adequá-los às modulações dos temas e dos motivos e, mesmo, a disposição gráfica que se vê, por exemplo, nos versos inaugurais de "Árvore (I)" ou em "Tangos", configurando interessante espacialização, acusam atento emprego dos recursos da composição poética, sem descambar em preciosismos que artificializem ou debilitem o vigor dos versos cuidadosamente elaborados. À medida que a obra avança, e sobretudo a partir de *A cidade e os sonhos*, de 2003, a dicção espinheiriana parece concentrar-se um pouco, o que não enfraquece o sopro lírico, nem desfibra ou resseca o solo existencial em que se enraíza. Outras facetas, como o uso de neologismos – *deflágrimas*, *selenautas*, verbos como *alviplanar* ou *sabiar*, ou as já referidas *pétalas ilusinógenas* –, obedecem a critérios reconhecíveis de adequação expressiva, valorizando as imagens sem a eventual sobrecarga que valesse por tique retórico, à guisa, talvez, de modismos. Igual medida se observa no uso atípico do substantivo com valor adjetivo, como em *peito abismo*, de "O rosto na chuva" (de *Julgado do vento*), ou no *silêncio paz* de "Convite" (de *Morte secreta e poesia anterior*).

A densidade lírica dos textos de Ruy Espinheira Filho qualifica-lhe a obra como das mais consistentes e significativas no panorama da poesia brasileira contemporânea. Em seus poemas, sob o radical desfilar das perdas, às vezes prelibadas, em amargo vislumbre, por um cáustico futuro que já as tem por certas, nascem e renascem pré-saudades e outras magias – os *caprichos de Cronos* ("Busca") –, conferindo ao seu discurso um lugar proeminente dentre os que se voltam para a pintura e decifração do tempo. Aqui, o real, na horizontalidade figurativa do devir, ostenta a vinda do que foi recolhendo desde o mais fundo passado e, pela pesarosa herança e potencialização do presente, converte o instante a nascer em saudade já nascida. Os fósseis sentimentais do tempo pervagam na ambiência em que o nosso *mnemônico arquiteto* ("A volta ao lar", do livro *Heléboro*) constrói seu edifício, à luz de uma tarde que, no entanto, pesa sob um céu nostálgico. Nada, nessa cotidiana e desolada paisagem, parece afastar o anúncio de perdas porvindouras, quiçá maiores e não menos definitivas. O poeta mesmo, no fecho da sua mais recente obra,* pressagia a hora, sua: *Jamais tanto me sonhei/ assim: sombra a se adensar/ em sombra maior da hora/ (sem fim) de nada sonhar* ("Epílogo"). Essa incessante inscrição da morte – como no tão expressivo *Em dezembro morremos/ Todo ano*, de "Poema de dezembro" (de *Morte secreta e poesia anterior*) – torna-se o cerne de uma *presença de ausência* ("A falta"), que os poemas desenham em pinceladas tensas, por efeitos de uma temporalidade que se ostenta num perfil tirânico. A esse espetáculo talvez se pudesse chamar fracasso na carnalidade do mundo, a qual tem sido incansável em pôr fatigadas olheiras na visão da filosofia. A poesia que bebe nessa água fita igualmente esse rosto desolado.

Contudo, ao fazê-lo, aqui e noutras passagens dos poemas de Espinheira Filho, enraíza sua palavra num solo que resiste à perenidade deste *céu de assombro: o Perdido* ("Fuga"). Pela primazia das imagens da recordação, com tão alto zelo arquitetadas, a voz lírica de algum modo suplanta o reino primordial da falta – o *arquejo podrido do perempto* ("A música recusada", de *Heléboro*) –, por dizê-la em singularidade vivencial e em soberania poética. Através destas, os escombros do tempo, na memória da poesia, prometem, aqui, *never pass into nothingness*, para recordarmos os famosos versos de Keats. E é também através delas que se pode apreciar e ouvir, pela força da evocação, o canto abissal do tempo a fluir e, porque tangida na lira marcadamente viva de Ruy Espinheira Filho, a música que modula, entre a tenuidade do encanto e o peso das sombras elegíacas, a mais rara consonância e a dissonância humanas.

Sérgio Martagão Gesteira
Rio de Janeiro, outubro de 2008

---

* Trata-se da obra publicada em 2005, *Elegia de agosto & outros poemas*. Em 2009, publicou Ruy Espinheira Filho um novo livro de poesia, *Sob o céu de Samarcanda*. Discernem-se nesses seus mais recentes textos as linhas de força do imaginário poético que têm presidido o conjunto da obra, submetidas à madura consistência da dicção lírica. Ao livro retorna o elemento paradoxalmente vital que preside a construção do universo espinheiriano: a corrosiva latência e a atuação ruinosa de Cronos, nessa circularidade que propicia ao passado, sob a incessante ativação dos sonhos, invadir e submeter todo o presente. Aqui emergem as obsedantes lembranças de perdas familiares, como as figuras paterna e materna (no belo poema "Mãe") e de amigos tragados pelo tempo e seus destroços. A recordação lírica exibe também os fragmentos da infância e dos devaneios de um menino, além da radical abertura ao ser articulada pela experiência amorosa, com suas instantes imagens de moças a que se ligam vinhos, ventos e mares. Tudo isso se apresenta alicerçado na força inventiva de um real apreendido sob um travo delicadamente nostálgico, em discurso hábil em refugir à monotonia, alternando os versos mais longos e dúcteis com a concisão expressiva, acolhida, por exemplo, por alguns sonetos. Em *Sob o céu de Samarcanda*, o sopro lírico, existencialmente vivo – pois, como reza a epígrafe drummondiana da obra, "E o coração continua..." –, alimenta-se da percepção dos frágeis andaimes que sustentam as mais sonhosas idealidades, eis que, como é reconhecível na já extensa lavra do nosso poeta, tudo se calcina sob o império do efêmero, atestando o quanto sequestram à já pouco ditosa aventura humana as renovadas promessas da perenidade. (N.S.)

Rio de Janeiro, novembro de 2011

POEMAS

HELÉBORO

(1966-1973)

Para meus pais
e irmãos.

Aos meus mortos
Antonio Carlos Leão
Nivaldo Rodrigues
Paulo Marques
Alberto Luís Baraúna

1. LONGE DE SÍRIUS

OS OBJETOS

Os objetos
permanecem claros.

Habita a moldura
uma mulher de faces
cor-de-rosa.

Sobre a mesa de mármore
um cavaleiro de porcelana
saúda as visitas.

A caneta ainda escreve
com a mesma tinta
de um azul levemente melancólico.

Na gaveta, dormindo
sob cartas e poemas,
o revólver aguarda.

LONGE DE SÍRIUS

a Antonio Brasileiro

O carro de bois
na planura verde
é como se um pássaro
me pousasse na mão.

Imagino (a distância
é de não se ver) o
carreiro na madorna
suave como um regato.

Só para isto estou
agora desperto. Brando,
pacificado, como se
adormecesse.

TEMPO PERDIDO

No tempo perdido
deslizo à sombra
da árvore, sobre a
música do rio.

No tempo perdido
tudo é cintilância:
no luar, nos copos,
nos teus lábios úmidos.

No tempo perdido
cantam as alviaves
e me amas na areia
de uma praia anônima.

Ó tempo perdido,
como em ti sou rico,
maduro de viagens
e multilustrado!

Só teu universo
feito do não feito
nos dá o melhor
que há no factível.

Tomando o teu barro
nossos dedos moldam

como angelizados
um mundo ideal.

(Na tua verdade
uma outra história:
nós temos as mãos
repletas mas puras.)

Assim, pairo à sombra
da árvore, sobre a
música do rio,
computando nuvens;

conversando flores,
seixos, reflexos;
logo esporeando
um galope mágico.

No tempo perdido
recupero, enfim,
tudo o que perdi
no meu tempo ganho.

MARINHA

Meus olhos testemunham
a invisibilidade das ondinas,
a lenta morte dos arrecifes
e os canhões de Amaralina.

Vou, a passo gnominado,
pisando a areia fina
da praia.
Pombas sobrevoam
os canhões de Amaralina.

Parece a vida estar completa
na paz que o azul ensina.
A brisa ilude a vigilância
dos canhões de Amaralina.

Nem tua ausência, amor, perturba
esta alegria matutina
onde só há o claro e o suave...
(E os canhões de Amaralina?).

Tudo está certo: mar, coqueiros,
aquela nuvem pequenina...
Mas – o que querem na paisagem
os canhões de Amaralina?

O MORTO

O morto vem no sonho
claro e completo.
Com seu jeito próprio
de lidar com crianças.
De beber.
                Com o rosto
cheio de manhã.

Reconheço a praça
de onde ele me fita.
Mas a noite desce
e tudo se apaga.

Só ele continua
luminosamente
como se viesse da praia.
O ensolarado morto.

PÚRPURA E DIAMÂNCIA

1
Porque apontaste
a nudez do rei
estás nu na praça.

Mais que nu: teu gesto
despiu-te além da roupa:
abriu-te
a porta mais recôndita,
e o cofre
oculto por esta porta,
e,
no cofre,
revelou a tua essência mesma
de ser.

2
Ai que o rei ora te sabe
em claro sol!
A sua nudez, que indigitaste,
ninguém vê.

Há muito não se vê
senão o que indica
o soberano indicador;
faz tempo as gentes
acreditam somente

no que lhes conta o rei;
faz tempo só se vê
pelo olho do rei;
só se lê
pela escrita do rei;
só se existe
segundo o rei permite.

E em todas as consciências,
há muito, o rei
teleprojetou-se em púrpura e diamância.

3

Tu sabes
que ele está nu
e é disforme e flácido e enrugado
e grotesco e repugnante e tem
as partes podres, purulentas

– mas isso não importa
se ninguém pode ver
além de ti.
Se todos, *ab initio*, foram programados
para só detectar
púrpura e diamância.

Apenas uma nudez se fez visível
na ponta do teu gesto:
a tua,
que ao rei e aos seus poderes denuncia
um equívoco em ti
que subverte
o real ditado pelo rei.

4

Sim: o teu real
contraria o do rei.
Opõe-se ao de todos
que estão nesta praça.
Ah, nada aprendeste
do que te ensinaram!

Em que te distraías
– quando te mostravam
o que devias ver?
– quando gravavam
a púrpura nos olhos
e além dos olhos?
– quando te falavam
sobre a cintilância
do rei e seu séquito?
– quando repetiam
que o único real
é o do rei?

Em que te abismavas
– em que traição? –
quando trabalhavam
tua perfeição?

O que maquinavas
– que plano? que mal? –
quando te moldavam
súdito ideal?

Não sabemos. Sabemos que descumpriste
o teu dever de ver e de viver.

Principalmente o rei
sabe
(bem já te advertira o Eclesiastes...)
e com um gesto convoca a punição.

5
Então é fugir
em
          tresloucura
          doidespero.

Sob a batuta real
as gentes se unem,
formam paredões
contra essa fuga.

Perto,
          mais perto
o arfar hediondo
dos perseguidores.

E foges
e rompes
e pisas
e saltas
e grimpas
a torre
de Babel,
a escada
de Jacó
               velozpanicamente!

Foges e te ocultas
e mordes, exausto, a poeira
deste canto de muro que te guarda.

Exausto, exausto,
ofegas
colado à sombra, ao chão.

Um átimo apenas para sonhar
com força
violência
raiva
um lugar,
por mais mínimo,
sem o dever de ver e de viver
o real do rei.

E já
te fareja de novo a punição.

AS DISTÂNCIAS

1
O cisne se faz amplo
para o voo.
Alviplana
sobre os nossos ombros desolados.

Não uma ave:
imagem
do que os deuses não nos concedem.
Sua leveza ainda mais afunda
nossos pés na areia, na pedra.

Mas quem pode dizer da chaga
em sua carne? do seu
cansaço? da fuga? do lago
perdido?
Do
ímpeto
na medula do cisne?

Sua força e lindeza
ricas
de nossa pobreza.

2
A paisagem é bela em nossos
olhos, purificada
pelos truques da
distância.
Jaz a hiena
desfeita em névoa azul;
e não há garras
contra o salto da corça; e não há
a insídia da serpente, nem a mira
telescópica do rifle.
Não sentimos
o tigre em nosso rastro; o pântano
nem nos ocorre; e o medo
é lenda imemorial, não
a arrancada súbita do coelho
por entre cogumelos e raízes.

Como nuvem
é a selva distante.
Como um quadro
na sala de jantar.

3
De mim
que podes conhecer? Se muito,
a roupa que visto, a cor
da minha pele, a inclinação
do meu corpo ao caminhar.

Nada te revelei do cão trifauce
que partilha comigo as horas mortas,
do meu traje de orfeu, dos frêmitos
argonáuticos.

Ah, todo coração
é ultramarino
e fundo nos guardamos: ilhas eldoradas.

No entanto repousas
em sossego
nos meus braços.

2. MÚSICA PRETÉRITA

DESCOBERTA

Só depois percebemos
o mais azul do azul,
olhando, ao fim da tarde,
as cinzas do céu extinto.

Só depois é que amamos
a quem tanto amávamos;
e o braço se estende, e a mão
aperta dedos de ar.

Só depois aprendemos
a trilhar o labirinto;
mas como acordar os passos
nos pés há muito dormidos?

Só depois é que sabemos
lidar com o que lidávamos.
E meditamos sobre esta
inútil descoberta

enquanto, lentamente,
da cumeeira carcomida
desce uma poeira fina
e nos sufoca.

POÇÕES REVISITADO: ALGUMAS NOTAS

3 – Autoridade

O Dr. Juiz de Direito
decidido
mandou prender o bêbado
mandou prender o desordeiro
mandou prender o assassino
e uma vez proibiu os bodoques
para proteger as vidraças.

Mas no fundo das noites
                                        os lobisomens
uivaram e vagaram impunemente
até o fim.

4 – Episódio

O louco mais temido,
Boqueirão,
certa vez me encurralou
entre a parede e o tijolo
em sua mão.

Mas apenas me olhou
longamente
e se afastou com lentidão.

Resolvera poupar-me, magnânimo.

Foi talvez uma loucura
de Boqueirão.

5 – Árvore (I)

O vento vai
                    faz a curva
e volta
para soprar os galhos do tamarindeiro.

Mas já não há tamarindeiro.

No fundo dos olhos
outros olhos
que pareciam mortos há vinte anos
                              seguem o vento
através da ausência do que se abria
em ramos   folhas flores   frutos

ontem
que é o mesmo que sonho.

JULGADO DO VENTO

(1966-1976)

Para Ana Maria Alves Dias Espinheira,
Aninha,
com saudade.

EURÍDICE, ORFEU

1
Por este frio
Desce Orfeu novamente
ao país de Eurídice,
que rege o coral
do chamado.

Eurídice, a de tantos
corpos e nomes
harmonizando-se numa só
ternura, doce
chaga
cintilando no peito

de Orfeu, que desliza
no rumo dessa voz
múltipla,
desse
cálido frio que embaça
os vidros de uma janela
há vinte anos em muro
transformada;

de Orfeu, que de novo
toca esses vidros, abre

essa janela
sobre a roseira, o quintal, o
verde janeiro ainda úmido
de dezembro;

de Orfeu, já curvado
sobre a terra, esse
íntimo país
onde/quando ele mesmo é
seu próprio chão
e seara.

2
Por este frio
vem a voz
de Eurídice.
Por este frio
viaja Orfeu envolto
no chamado.

Este campo
ele floresce enquanto
se desloca; e liberta
(que tudo é real
mas
além da porta do sótão)
rostos, árvores, ruas,
colinas, armários,
contatos
de gozo e dor, bailes,
sapatos
que gemem em intermináveis
corredores.

(E de repente são esses
meninos
saltando na bruma,
correndo
pela areia do
rio,
com ele deslizando,
perdendo-se nas águas
sujas
como a memória,
descendo
às suas vidas, cada um
protegendo no peito uma
Eurídice
para sempre imaculada.)

3
Vertiginoso, Orfeu
a si mesmo (re)compõe
inteiro, portanto
vário,
ele-mesmo, diverso
e idêntico,
morto e vivo num
só tempo e homem.

4
Rumo a Eurídice,
Orfeu.
A uma Eurídice: essa
que chama

no frio
– cálido porque
desperta a lira,
não
a que Orfeu empunha
a meditar o
hexâmetro,
mas a outra, a que gera
a melodia que Orfeu
transmite
à lira em sua mão.

Uma Eurídice, essa
menina
num jardim de flores pobres,
pobres
arbustos trêmulos de
frio
que sopra os cabelos de
Eurídice,
essa sorrindo no
princípio do mundo
para Orfeu.
Que é ele mesmo e outro,
reencontrado ao fim
da viagem.
Um que estava ali
e para quem
o sorriso.

5
Eurídice,
vária e às vezes

não humana, dispersa por onde
passou Orfeu
e por onde nunca para
de passar;

Eurídice,
por cuja voz desce
Orfeu
aos mil fragmentos de si;

Eurídice,
o perdido e para sempre
vivo,
possuído/possuidor;

Eurídice
não cessa nunca de lançar
seu amavio

ao peito imbele de
Orfeu, onde ela
cintila

em toda parte e instante
do seu inferno
azul.

PÊNDULO

Do amplo quintal
onde corríamos
árvores
                    se enraízam
em nosso peito.

Também dos olhos
nos brotam flores
remotas
                    pétalas
ilusinógenas.

Como contar
o vento nos
teus cabelos
                    certos
pássaros e insetos?

(Algo quebrou-se
no carrossel
e saltamos
                    no ar
para onde só
esperamos:
                    ontem,
outra vez, um dia.)

OS BENS MAIORES

O que ficou
além do enlace
é o que mais foi
preso pelo gesto.

O que não foi
tocado é o que
deixou sua marca
mais nítida na mão.

A gaiola vazia
é onde habita
o que há de mais belo
em gorjeio e pássaro.

MEMÓRIA

Os seios adolescem
sob a blusa azul,
ao vento da tarde
doce de quintais.

À sombra, os cães
farejam as últimas
perdizes ocultas
no alto dos morros.

Na sala, o silêncio.
No silêncio, ele,
o menino, sonha
seios, cães, perdizes.

Sonha e é sonhado
ao fluir da história
que suave marulha
sempre sempre sempre

num país defeso
aquém/além do rosto
em que o tempo verte
seu lento vitríolo.

NOTÍCIA DA CASA

A casa não se descreve:
sente-se. Aqui permanecem
todos: dos que não vieram
àqueles que já partiram.

Na casa jamais se apaga
a luz com que me fitaste
(porém em ti, não: em ti
era só vidro, quebrou-se).

A casa se arquiteta
a si mesma, cada vez
mais habitada, enquanto
sangro paredes e espaços.

E cresce. Até não deixar
sinal no meu peito imóvel.

REVELAÇÃO

Só o passado que
aguarda no futuro
revelará a limpidez
maior desta tarde.

Ai que somos felizes
agora
                    mas não tanto
como amanhã, no passado.

AS MENINAS

As meninas
passeiam na praça.
Uma é a morta
(vem no azul-e-branco
da farda escolar).
Outra é a que
há muito se foi
para longe e dói
num sulco de afeto
incicatrizável.
As demais, dispersas
de tantas maneiras,
vêm de braços dados
e ligeiro, pois
a festa começa
e o amor aguarda.

As meninas
circundam o jardim,
a cidade, a vida
de um que as conhece.
Quem morreu, quem
se apartou? Ninguém.
Ele as reencontra

quando quer, na praça
de perene abril:
o passado não passa.

IMPROVISO NO FAROL DA BARRA

Facho de luz sobre o mar.
Sulco de dor em meu peito.
Na mesa em que me debruço
movem-se ondas e algas.

Quem fui eu (que não me lembro)
– o de infindáveis distâncias?
Quem fui – o supliciado
e descido numa âncora?

O longo risco de treva
desfeito à luz do farol
se refaz no vento manso
que vem pousar em meus olhos.

ELEGIA

Não abram esta janela.
Não afastem estas cortinas.
Nesta sala os amigos mortos
estão bebendo a sua cerveja.

Uma voz há muito perdida
(só os meus ouvidos a ouvem)
chama do fundo da infância
e eu me sinto sangrar.

Pousa uma garoa antiga
nos meus cabelos, e brilha.
A criança brinca com um martelo
que cai sobre o meu coração.

Tanta coisa silenciada!
O olhar, turvo, passeia
pelo quintal, onde só há
a infância alheia
e o vento.

O AVÔ

1
O avô descansa
de quase um século.
O rosto é sereno
(não sei como pode
mostrar essa calma
após tanto tempo)
e as mãos despediram
todos os gestos.

O avô entre rosas
com seu terno escuro.
Pela primeira vez
indiferente.
Pela primeira vez
desatencioso
com mulher, filhos, netos,
conhecidos, o mundo.

Nem que implorássemos
nos recontaria
as tantas lembranças
entre farrapos de ópera.
Descansa tão fundo e
alto que é impossível

despertá-lo, saber
mesmo onde repousa.
No entanto está em nós
e nos impõe seus traços,
cor de olhos, jeito
de andar, sorrir, falar.

E o mais difícil de
cumprir:
                    a insuavizável
dignidade.

2
Avô, já nos retiramos.
Em silêncio vamos descendo
a ladeira. Pó do teu pó,
flutuaremos até
que o vento contenha o sopro.

E então te herdaremos
também essa paz final.
Absoluta. Tão perfeita
que nem a saberemos.

CRISTAL

A quem me espera
nunca chegarei,
que esta estrada não se abre
nem a lei nem a rei.

De longe vejo, perto,
através de névoa e de hera,
a face em paz de amor
de quem me espera.

Como ir até onde
está a que me aguarda
com seu olhar sereno
e seu rosto de alba?

(Tempo ao sol, real,
embora já vivido
inteiro. Porque
ganho, perdido.

E, perdido, puro.
Para sempre. Nada
pode mais alterar
o conto de fada

de onde ela me fita
clara, matinal,
de dentro do seu
intocável cristal.)

MANE, TECEL, FARES

Nosso banquete não sacia.
Comi o tempo inutilmente
e inutilmente é a única
palavra do epitáfio.

Mais pesada do que a terra
é a espessa pátina de tantos
desejos e outros venenos
que aqui jazem para sempre.

Sobre o peito, sobre nada
se entrecruzam meus dedos
nus e quebrados por sonhos
cheios de anéis.

VOO CEGO

Um pássaro te procura
na cidade adormecida.
Vai em voo cego: seus olhos
só verão quando te virem.

E onde te ver? Não sabe.
Só conhece o procurar,
indiferente às ressacas
do vento e ao seu cessar.

Pássaro, a noite já finda
e continuas trevado
pela flama que não viste
nos olhos da procurada!

Eis que retorna como em
outras tantas madrugadas,
trazendo nada da busca
em suas asas exaustas.

Frágil perfil, contra a aurora,
de um cinzento voo desfeito,
ele se transforma em vácuo
e se recolhe ao meu peito.

DIA DE FINADOS

Tantos são os abandonados
e caminham ásperos no silêncio.
Há os que rezam, os que choram, os que se mantêm
impenetráveis.
E todos depois retornam às casas, aos pequenos
mitos auxiliares de cada dia
sob o indiferente azul do céu.

As flores depositadas sobre as sepulturas
absolvem os mortos.

BUSCA

Te conversas em tinta
sobre o papel.
                    Te investigas, te garimpas,
em cada palavra procurando
colocar-te diante de ti mesmo.

Bem sabe um homem se esconder,
disfarçar-se, comparecer
camuflado a cada encontro
                              lá fora
ou em si
                    (ninguém possui espelho
que o reflita inteiramente
nu).

Buscas seguir o fio da escrita
para ao menos divisar o labirinto
que tem teu nome.
                         O caminho
é obscuro
                  e ainda há
os caprichos de
Cronos: uma hora
é muito tempo, a vida
é menos que um segundo.

Mas de repente, um dia,
                                        o fio
é um rio
por onde rápido
viajas.
                As máscaras de uso
cotidiano
alinham-se às margens
                                    e pulverizam-se
ao teu passar.

Ao fim
te aguardas e te encontras.
Nunca inteiro: apenas
mínima parte
                       sem véus.

E te fitas
                e te tocas
                            um instante
                                        um
                                          quase sem tempo
                                      e já recuas
e já retornas
e as máscaras se recompõem
                                        e
                                irônicas
te sorriem.

AS SOMBRAS LUMINOSAS

(1975-1980)

A
Antonio Brasileiro
Carlos Anísio Melhor
Affonso Manta
Florisvaldo Mattos
Myriam Fraga
João Carlos Teixeira Gomes
Fred Souza Castro
Jehová de Carvalho
José Carlos Capinan,
poetas.

Para
Nevinha Pinheiro,
que sabe respirar
poesia.

1. AS SOMBRAS LUMINOSAS

VIAGEM

Umas coisas valem
a dor da memória.
Quando, por exemplo,
me acorda a árvore densa
de frutos sonoros
e alados;
                    quando
vem a moça de gestos
calmos, alvos, onde
descansa o vento (só
o tempo soprando
no rosto, no vestido,
clareando-os ainda
mais amanhã);
                    quando
reencontro os mais velhos
com seus olhos cálidos
e sinto, sentíamos
sobre nós um dia
vasto, sem medos,
descendo de suas

almas frondosas;
quando
reabro o portão
de ferro anterior à
ferrugem e entro
na casa com varanda
– ou naquela que foi
demolida para
dar-lhe lugar;
quando
muitas coisas, tantas,
de que me inoculo
perigosamente
(vigilantes os
pântanos do remorso)
até longe, onde
não alcance o pó
dos tristes, carcomidos
escombros de hoje.

AS JANELAS

Essas janelas de vidros
coloridos
são remotas. Muito
mais antigas, por exemplo, que
a mulher suave
que me fita de teus olhos.

Vejo-as
filtrar o sol
e encantar
o chão: magos ladrilhos
azuis vermelhos verdes amarelos;
pintar a mim mesmo
até
eu me fugir por entre as telhas
e subir
aos cintilantes unicórnios

Já não sei alcançar
essas janelas. Apenas em sonho
às vezes
me abençoam e logo
se evaporam
e o que resta é a
noite
em meu peito, pulsando.

Na casa quieta, à luz do pátio,
elas me esperam, as janelas.
Em vão, que já não posso
ir,
que aquele que sabia
ir
era outro, muito mais
antigo,
por exemplo, que o homem triste
que te fita dos meus olhos.

PRAÇA DA LIBERDADE

para Affonso Manta

São as árvores que sopram
este vento, este tempo,
clareando o meu
peito nevoento.

Um galo me amanhece
de outras manhãs:
vastas de andorinhas,
carros de bois, romãs.

De sua nuvem, o amor
lentamente desce.
Garoa e não sentimos.
Mas umedece.

Ai gnomos, sanhaços,
capinzais, adeuses:
quem de mim poderá
apagar eu mesmo?

Ninguém. E nada. E nunca.
Na distância, os montes
me aquecem de seu azul.
O que respiro é ontem.

NESTA VARANDA

Logo não mais estaremos
aqui nesta varanda, em torno
desta mesa, confortáveis
nestas cadeiras de vime.
Erguemos nossos copos e bebemos.
Queima suave o conhaque (mas não tão
suave como o que meu pai
bebeu nos áureos tempos)
                                        e o vento
sopra por entre
os losangos da porta de madeira
nova.

Toda a casa é algo de novo
sob a lua. No entanto,
a morte já a tocou
                                e suas paredes
já escutaram vagidos,
como escutam agora nossas palavras,
o tilintar dos copos, a música
que sobe da vitrola e fala
de uma paixão incontida.

Calmos, bebemos. Cálido, o sangue
circula em nossos corpos confortados,
como noutros corpos antes,
muito antes desta casa,

de nós, seres remotos
que ninguém adivinharia,
que ninguém projetou conscientemente
neste espaço de Cronos
que habitamos.

Mais que a casa ouvimos
longe,
como ouvimos
a voz
do cão Farouk, da cadela
Joia;
assim ela guarda o ladrar
do cão Mourek
e ouve conosco, neste instante,
o cão Neruda.

Como guardará
esta noite e outras
                                        e manhãs e tardes
e nossas vozes que
aos poucos
cessarão;

e mais profundamente
o silêncio do último a restar
nesta varanda, nestas cadeiras de
alto espaldar, diante desta mesa

até que ela própria se encante
na memória do Universo.
                                                    Que nada lembra,
todo imerso em se morrer
eternamente.

POEMA PARA MATILDE

I
Há apenas um mês
sob a luz do mundo,
dormes, criança, e és
um profundo mistério
à guarda dos espíritos
brancos do ar.
                    Como saber-te,
tocar-te sob o sono
ainda úmido do Eterno?
Longos caminhos, obscuros
meandros percorreu
a carne até essa bolha
de vida que tem teu nome
(a carne e esse sopro, o lado
lúcifer, que consome
universos e a si mesmo
até nossa cinza última).

Teu cristal, como o de todos,
oculta sombras de poetas,
assassinos, prostitutas,
sórdidos virtuosos, anjos
malditos, imaculados
blasfemos, pobres diabos,
mornos de espírito, vozes
clamantes no deserto.

II
O deserto. Logo verás
como é vasto. Ainda mais
que o mar;
                    e ainda mais
que tudo;
                    tão longo e largo
e profundo;
                    composto
pelo abismo que há
entre o homem e o homem.

E sentirás nos olhos
o gume das areias
lançadas por um vento
feroz que vem de toda
parte e uiva e fere
até que já não sejamos
mais que um punho frio
de pedra
no vão do peito
vão.

E sofrerás a fratura
de gestos generosos;
                                a
amputação de asas;
                                o
ruído de botas sobre
sussurros de amor;
                                e
lobos que beberão
as fontes

até que não reste
uma gota de ternura.

E talvez te desesperes
setenta vezes setenta
vezes. Porém confio
que não silenciarás
nem te curvarás
(e isto
é muito mais do que pode
a maioria dos homens)
ante o que for menos justo
que a justiça.
Assim confio:
jamais
aceitarás a doçura
da vida que sempre há
no deserto
para quem é deserto.

(E fico a sonhar teus filhos
recebendo
– talvez
adormecidos como estás
agora, junto à janela
aberta ao azul de março –
de ti esta que te oferto
dura
herança de viver,
dever
e esperança).

INÚMERO

para Jayro José Xavier

I
Junho desliza azul para o inverno,
onde a memória desperta, cálida de gestos
de outro tempo,
que hoje continuam como
então. Imóveis em cada instante do
movimento
e no entanto cumprindo o mesmo
                                        voo
em meu espaço, nítidos
como este azul sobre mim.

Onde a memória desperta
                        e que também é memória.
Tudo é memória, como a onda
que vamos visitar e já nos habita
antes dos nossos pés na areia da praia,
porque é outra onda,
outras
que já marulham,
                        espumam
em nosso sangue,
como o inverno para o qual desliza
esta tarde
é denso de outro, outros.

Assim o teu sorriso que virá
já há muito me ilumina.

II

Deslizo com a tarde
para o inverno. A terra úmida
libera o hálito do
Dilúvio. E eu caminho
pela rua nevoenta,
viagem no interior
de uma viagem, que é
no corpo, no rio de outra
viagem, que...
                    E na origem
da luz talvez não haja
senão a ausência da estrela.

Caminho na rua antiga,
mas agora. E sou um menino
contendo um homem que contém
um menino.
                    Qual das minhas
mãos colheu a romã?
                              qual
crispou-se violenta?
                              qual
pousou suavemente
em tua mão?

Em vão interrogo, a meu respeito,
a fonte
da infância
                 (mas da infância

da memória, que repara
as injustiças – como
a pretérita ausência
de uma fonte).
Porém uma fonte
é apenas seu murmúrio. Assim
o Universo. Murmúrio só,
sem respostas (por isso
de sua costela o homem
arrancou Deus: para se consolar
desesperadamente).

III

Junho foge para
o inverno, e é inúmero.
Como
amanhã, ou ontem.
Como
tudo.

Imergimo-nos
mutuamente, recíprocos.
E fluímos
(por exemplo) até
essa rua de que há pouco
falávamos. Onde
caminho, caminhamos, à garoa
e ao vento, entre os gestos
cálidos
desse tempo. Eternos
como junho e essa rua e esse
caminhar. Como
tudo. E nada.

FUGA

Escuto o tempo fluindo
no rumor azul da tarde.
E sinto-o ventar em mim
e doer bem onde arde
meu coração – doer com
incontáveis estilhaços
de idos objetos e
de mim mesmo.
E escuto passos
me acompanhando: são meus
próprios passos – de ontem e antes
e hoje. Talvez de amanhã.
Em seus lenços ondulantes,
o vento que sopra o tempo
oculta fundos mistérios
– e do que era sorriso
compõe esses rostos sérios
que nos encaram do espelho
e de outros corpos
e vemos,
sob eles, os suaves traços
de quem em nós já perdemos.

Escuto o tempo fluindo,
fugindo. Sobe um soluço
da carne de tudo: móveis,
tecidos, metais. Que forte

é a morte!
E só a memória
vive,vive-nos, e soa
seus violinos de névoa
sob um frio sol que monta
num céu de assombro: o Perdido.
Essa lenda que se amplia
no peito – já erodido
pelas distâncias – que vai
explodir em cada gota,
seixo, brilho, sombra, hálito
de alma
(essa asa rota
sangrando os seus enganos
entre as paredes do verso)

até nada se mover
sobre o extinto universo.

AQUI, ANTES DA NOITE

para Mário da Silva Brito

1
Antigamente era janeiro.
Agora também é janeiro, mas só uma palavra,
porque não pode ser janeiro sem os longos
verdes ondulantes que iluminam a memória
e ela, branca,
na janela da casa
branca,
na branca manhã de domingo
(que era sempre domingo em janeiro
e certa vez – aquela, essa vez – foi janeiro
por muitos anos).

2
Sei: com o tempo
só os mortos sobrevivem. Como você,
que passa distraída entre as árvores
e não me vê, distante, noutro plano;
e você
que me olha
com uma infância pungente
e me fala
com voz de lã.
Mas não me diz nada do que eu precisava
ouvir, enquanto eu nada lhe digo do que

precisava dizer,
como afinal sempre acontece
e logo é muito tarde.
(Menos para os remorsos,
que no escuro vigilam; que no escuro
abrem seus poços sem fundo, onde
movem-se répteis dolorosos
e o que não se cumpriu:
doces cavalos
de asas amputadas, sangrando.)

3.
Vem uma brisa de longe, soprando
de mim, dos meus cabelos
de quando ainda não era tarde.
Minha roupa, sinto, é nova e azul
na manhã azul, um segundo antes
de começar a envelhecer
para o sórdido pano sob os pés.
Vem uma brisa cheia de asas e polens
e barcos de brinquedo
no laguinho da praça.
Uma brisa de mim,
de quando tudo estava ainda
por vir. E não viria, não, como veio.
Viria luminoso e bom. Viria imensamente
luminoso e bom. Como não veio.

4.
Estou sentado à beira do açude e olho as águas
escuras. O céu é límpido, sem nuvens,

e ouço insetos e pássaros. Em que penso
eu, sentado à beira do açude, olhando as
águas pesadas, nessa tarde remota
e serena?
                    Não sei. Não me lembro. E não importa.
Importa que estive ali,
onde e quando. Não foi somente um conto,
uma esperança. Foi.

5.
Tu não sabes, mas te amei como
talvez nem merecesses. Te amei como
só então e ali era possível,
sombra melancólica à tua sombra,
tantas vezes morto
                              (menos para
o sentido da dor). Ah, te amar assim eu – apesar
de tudo, de mim – não merecia.

6.
Há folhas secas caindo, vêm da árvore
assassinada. Também há flores
negras, queimadas
por esse vento que soprou
as paredes da casa demolida.

E sinto frio: é a menina que vai
dormir no alto da colina.

7.
Sim: com o tempo
só os mortos sobrevivem.
Como
essa menina, esses amigos,
cães, canários, borboletas,
besouros, malmequeres. Esse mundo.

Deito-me na relva e sonho
com isto mesmo: estar deitado na relva.
A vida está completa, estou completo,
pois os anos que vieram ainda não
vieram,
                    ainda não
anoiteceu como anoitece aqui.
Pois anoitece e tudo se confunde
e nada mais percebo: toda luz
está aqui, aqui que fica além.
Onde dobra o sino de Belém.

A INELUTÁVEL CANÇÃO

Há pouco chovia
e não chove mais.
Há pouco sorria,
na lua do espelho,
teu corpo: centelha
deflagrando anjos
que a tarde soprava
por sobre os quintais.

Há pouco esplendia
ao sol o regato.
Esplendia e ia
entre os nossos sonhos,
pelos nossos corpos,
atiçando mais
a flama dos sexos
em flor nos quintais.

Há pouco era dia
– e já não é mais!
Faz escuro e ouvimos
um silêncio fundo.
Um silêncio podre
que sobe de nós
– e das sombras dos
extintos quintais.

4.
E de repente bebo
de longínqua moringa: água azul
como a manhã.
Como o escuro
dos teus olhos, para onde
caminho. Bebo e escuto as árvores
se elevando do chão, e os pássaros
nascendo das árvores, e a luz
jorrando dos gorjeios
sobre
o princípio dos tempos.
Real, real, real.
Mais que,
por exemplo,
o peixe ancestral gravado na pedra,
pois eis
que vibra numa concentrada
diamância
de escamas rompendo, dardo, o elmo de prata
do rio.

5.
Mais pleno é o perdido, pois o resto
ainda não se cumpriu: sussurra-me a febre
(ou o que seja) e me põe na mão
as urtigas da infância. E o ardor
me queima os lábios incendidos de
palavras
sempre partindo em busca
de mim e dos teus olhos e de todos
nós, em nós ocultos
                              – como seixos de brisa
na pedra, como gotas de pedra
na nuvem.

                    (Sopra o vento e o barro
é melodia. E dela somos
alados
nesse campo do outro lado
daqui
               Onde vivemos todos.)

(E tomo a minha flauta
e modulo
um grave silêncio, enquanto escuto
o unicórnio pastar
o escasso heléboro da minha fronte.)

AS SOMBRAS LUMINOSAS

III – Moça na Fazenda

Trazias a chuva
nos cabelos.

Nos olhos o campo
verde.

O cavalo lá fora
aguardava
tempo melhor para partir.

Nunca mais, porém.
Ali ficamos
assim

e ficaremos, enquanto a estrela-d'alva
adiar sua queda
sobre mim.

IV – Os Canários

Os canários mortos
voando na sala,
através do tempo,
das coisas, de mim.

Há pouco (vinte anos)
jaziam no fundo
da gaiola: cochos
vazios de água e alpiste.

Mas como lembrar
dessa sede e fome
ao som e ao vento
de festa e viagem?

Nada a fazer,
no escuro retorno,
a não ser cobri-los,
no quintal, de terra.

Mas eles ressurgem,
brotam como milho,
saltam das espigas
e bebem em meus olhos

e comem em meu peito,
enfim saciados:
nada falta no
festim do remorso.

V – Bilhete ao Suicida
Antonio Carlos Leão

O veneno que circulou,
há quinze anos, no teu sangue,
até hoje circula em mim:
meu sangue.

A noite que veio após
a luz final dos teus olhos,
amigo, ficou em mim:
meus olhos.

E o silêncio que se fez onde
lutava teu coração,
está para sempre em mim:
meu coração.

2. O INQUILINO DO INCÊNDIO

Para Paulo Ribeiro Martins

"... hoy cantan pájaros más duros"
Rafael Alberti

TERCEIRA ELEGIA URBANA

Escuto o vento pesado
que vem ferir a janela:
hálito da cidade, onde
navegam escuras pétalas
de ar morto, mortos perfumes,
ausência de asas, gorjeios
degolados. Nada adianta
fechar janelas e portas
e paredes: esse sopro
destroça a nuvem do peito
e somos só engrenagens
cumprindo a fria tarefa
de edificar o trovão
da cidade.
Sem saber
que para nós, quase todos,
esse amplo ruído é
uma forma de silêncio.

Como o crepitar das chamas
para o inquilino do incêndio.

MORTE SECRETA E POESIA ANTERIOR

(1976-1984)

Para Gylka e Matilde

A
Edinha Diniz
Olga Savary
Fernando da Rocha Peres
Walter Queiroz Júnior
Luiz de Miranda
Carlos Sampaio

"Poesia, morte secreta."
Carlos Drummond de Andrade:
Brinde no banquete das musas.

1. A JANELA NO ESPAÇO

"I grow old... I grow old..."
T.S. Eliot: *The Love Song*
of J. Alfred Prufrock.

JARDIM

Não a brisa. O que
perpassa é um frêmito
de ternura.

No silêncio, na
carne, marulha
extinta carícia.

Os olhos, cerrados,
resgatam o encanto,
o embalo amoroso.

Ontem. Uma folha
– lenta, amarela –
risca a hora. Morta.

PRIMEIRO SONETO DA PERMANÊNCIA

Esta saudade bate no meu peito
como um vento encrespado de remorsos,
tardes mansas, manhãs iluminadas,
meigos seios nascentes, bicicletas

em torno do jardim. Esta saudade
queima e me embriaga. E bebo mais.
E bebo tudo e já não resta nada
no universo a não ser a embriaguez

desta saudade. E eis que me sinto absinto
e não me encontro em mim. Estarei morto?
Não estou morto: estou é lá, aqui

na distância, no centro deste parque
que gira e gira o mundo. Aí estou
e fico imóvel neste carrossel.

DESTINO E FUGA

Para onde vamos é sempre ontem.
Lá
(que é vário) ponderamos os nossos gestos
buscando
modular outros tão belos. E inúmeras
são as vezes em que nos inclinamos
sobre a fonte
que não reflete:
mostra
o límpido rosto do nosso
rosto
que já não nos fita dos espelhos.

Para onde vamos é sempre ontem. Como
de onde fugimos é sempre
amanhã.

ANIVERSÁRIO

Metade do tempo consumada
ou ainda mais.
No peito, a mesma fome, a mesma sede
do menino, do rapaz.
O mesmo olhar perplexo
o mesmo
sem resposta
gesto crispado interrogando.

(É dezembro
e noite e abro a janela
e vejo outras janelas iluminadas.
Ali há vida, como na rua, como
no campo e no mar e nos velozes
aparelhos que cortam o espaço
e
talvez
noutros planetas e universos.
Como há incontáveis séculos e
provavelmente
amanhã. Mas tudo rápido
demais
que nem nos podemos saber
e partimos
no mesmo escuro em que chegamos.)

Perdi colegas, namoradas, cães.
Perdi árvores, pássaros, perdi um rio
e eu mesmo nele me banhando.
Isto o que ganhei: essas perdas. Isto
o que ficou: esse tesouro
de ausências.

(A noite avança e as janelas
aos poucos
se apagam. No silêncio
meu coração permanece
iluminado. Eis que trabalha, fiel,
mesmo quando revela
a si mesmo em breve imóvel
ou, depois, a última estrela
sem testemunhas
no céu final.)

SONETO DO CORPO

Corpo de sol e mar, não me pertences.
Não me pertences – e, no entanto, em mim
ondeias e marulhas num sem fim
de amavio. E cintilas, e me vences,

e me submetes – eu, o siderado
a teus pés. Eu, o pobre. Eu, o esquecido.
Eu, o último. O morto – e o renascido!
Tudo por teu poder, ó iluminado

corpo de brisa e pólen, ventania
e pedra! Harmônico e contraditório
e presente e alheio, flama e pena.

Feito de vida, enfim: desta alegria.
Em si. Porém em mim, campo ilusório
em que a memória pasce – e me envenena.

SEGUNDO SONETO DA PERMANÊNCIA

Só eu te vejo andar por esta rua,
à sombra de árvores já abolidas,
ao som de idos canários, ao perfume
de jardins que há muito se exalaram.

Só em meus olhos é manhã marinha
o teu olhar (os outros veem a tarde,
talvez a noite, iludidos pelas
cinzas dos dias que em ti pousaram).

Cinzas. Mas não aqui, não nesta rua
(no alto-falante, rosa e violino...)
por onde sempre passas e clareias

meu peito – ah, todo branco, iluminado
de ti, amplo de nuvens, luas cheias,
como se fosse o peito de um menino!

AQUI ESTOU EU, COMIGO

Aqui estou eu, comigo. Escuto a tarde.
Vozes distantes, um sino. Ocorre-me
jamais ter sonhado morar
nesta rua, nesta
velha casa de onze janelas
e canos de chumbo.
                                        Sonhei
e atingi outras coisas. Nenhuma,
porém, tocada, se cumpriu
como em minha esperança.
                                              Mais
que todas, saciam-me
estas paredes, construídas
há muito e não
para mim. Com as quais
não sonhei
                          e assim não doem
em mim qualquer perda.

SONETO DO AMOR E SEUS SÓIS

Eram teus olhos de água, olhos de água
ensombrada de folhas, eram teus
olhos de água marinha, eram teus olhos
de água límpida, ou turva, eram teus olhos

de água cintilante de tão negra,
eram teus olhos de água luminosa
como só umas raras dessas brisas
chamadas alma, eram os teus olhos

– e eis que teus olhos ainda são, que sempre
outros olhos e os mesmos: o amor
diverso e idêntico no azul do peito

a amanhecer-me, a moldar-me as
asas de mergulhar no chão profundo
e patas de galgar os altos ventos.

CARLOS ANÍSIO MELHOR

Sobre o balcão mais sórdido da rua
põe o poeta a pastar sua Quimera,
que nos fascina e logo se insinua
em cada um – senhora, bela e fera.

É noite ainda, sim, mas outra, funda,
que essa magia urina em nossas veias:
grinalda misteriosa nos circunda
de perfumes, sussurros, suaves teias

de amavio... E bebemos, com o poeta,
amores idos já, tornados alma,
auréolas de silêncio, água quieta
embalando Memória, Tempo e Calma.

Bebemos com o poeta, que suscita
luas agônicas – e as dilui
em nossos copos. Negro vento agita
os escombros da noite: quem possui

a chave do Sossego? o segredo
das mãos pacificadas? a poção
do hálito feliz? quem tem o ledo
condão de aceitar seu coração?

Ninguém, ninguém! Só resta o viajar
para Profundo, e Alto, e Mais Além!
A um gesto do poeta, ergue-se o bar
e a vertigem da viagem rompe, vem

nos habitar. E eis que só ela é.
E é o Sonho, o Sonho! Já nos integramos
em seu ser. Uma estrela vem até
nossos olhos, e os beija. E sonhamos.

Este é o nosso País, a nossa Era
– muito acima da hora magra e agra –
que, soltando a pastar sua Quimera,
o anjo Anysius ilumina e sagra!

SONETO DA PAIXÃO

Todos os meus caminhos se derramam
nas fragas deste amor e me confinam
nesta ternura fera encovilada
em onde era um pulsar de apenas vida

e agora é furacão sobre palmeiras,
não de quando sabiava a minha infância
– porém de um outro lindo, uma vertigem
voluntária do sol e da loucura.

Oh este amor, todas as graças, todos
os látegos, o corpo não suporta
tanto, mas fujo à queixa e sou imenso

e sou muito e bonito nesta chama.
Tenho pena das pedras, das areias
e do esplendor de Deus na Sua glória.

CANÇÃO DA MOÇA DE DEZEMBRO

A moça dança comigo
nessa noite de dezembro.
Na sala onde giramos,
se alguém mais há não me lembro.

O ondear da moça ondeia
uma melodia ainda
mais doce que a da vitrola
– e uma alegria vinda

dessa doçura me envolve.
Cabe bem no meu abraço
esse perfume com que
vou girando e em que me abraso

em meus quinze anos (a moça
terá, talvez, dezessete
ou dezoito). Como a valsa,
a vida o melhor promete.

E já oferta: esse corpo
a cada instante mais perto.
Ao qual responde meu corpo,
como nunca antes desperto.

E a moça vai-me queimando
em seu hálito, afogando-me
nos cabelos, e nos olhos
luminosos siderando-me!

E eis que, dançando, saímos
além da sala e do tempo.
E dançando prosseguimos,
sempre que sopra dezembro,

nos mesmos giros suaves,
nos mesmos ledos enganos:
eu, o antigo rapaz,
e a moça, morta há treze anos.

SONETO PARA ÂNGELO ROBERTO E FRED SOUZA CASTRO

Estou doente demais para escrever
seja o que for na tarde que se esvai.
Na alma, uns amavios de morrer
vêm tingir-me com a noite que não cai

ainda – mas cairá daqui a pouco,
inelutável, a arrastar na rua,
ao frio e ao riso do seu vento rouco,
o fogo-fátuo que desprende a lua,

velho cadáver sem repouso. Agora
o que quero é sumir e aparecer
só num canto distante e sossegado

onde enfim possa ser feliz e – embora
contrariando Pitágoras – fazer
criação de andorinhas no telhado.

PASSIONÁRIA

Esta tarde
de súbito
na chuva
curvei-me sobre mim
sobre
o que chamava amor e eis que era
sua falta
e por isso mesmo ainda mais
amor
esta tarde
como parti
parti-me
em
vossas inclemências
namoradas
vosso lábios compassivos
ou
predadores
vosso seios vossas coxas vossos
ventres
vossas almas como brisa
fonte
sombra
ou sóis implacáveis
em
meus ossos nus

esta tarde

uma vida te visitei
    senhora do rio
era janeiro e bois sobre a colina
e de teus seios vinha a bênção
que me purificou
                    e desde então
resplandeço

embora não vejam
resplandeço

                        outra vida
                    foi contigo
                    no fim da rua
                    feita
de areia e formigas
contigo
uma vida ao pôr do sol
as mãos se amando suavemente
mesmo quando crispadas
e tudo que eu tocava era suspiro
e beijei
        (o que nunca fizera)
teus joelhos
como dois pequenos animais
            desampadados
                    cegos
enquanto o sino anoitecia
o tempo sobre a praça

                        e ainda uma vida
contigo
que cruzaste a madrugada para

nunca mais
e depois todas as luas
foram falsas

esta tarde
na chuva
irromperam de mim troncos e galhos
densos de crianças
revoaram
sanhaços
sofrês
canários-da-terra
e um cão lambeu-me
o lado em que todos trazemos a ferida
da lança romana
esta tarde
na chuva
foi tanto assim
que o mar
veio morder as ruas
e um barco
ao longe
delirou
que era uma gaivota e fechou
as asas e
mergulhou
ah
esta tarde
na chuva
tantos anos
relampejaram
tanto
e só havia

só
ao fim de tudo
como uma estrela amarga em minha boca

esta tarde
na chuva
                    curvei-me
sobre mim
                              e me matei.

ESSAS COISAS

Há uma rua sempre iluminada
pelo olhar da infante bem-amada

(em seu dedo, aro de ouro e uma pedra
que brilha doutro jeito: um grão de treva).

Há um dia vasto sobre dois amigos
capazes de amar coisas como rios.

Há uma palavra injusta e a tarde muda:
o crepúsculo é só um frio agudo.

Há outra palavra que não chega a som
e torna a alma uma brisa vã.

Há uma valsa nos corpos enlaçados
e nela o giro para nunca mais.

Há uma casa no ar, em sombra e calma,
onde o nosso fantasma se agasalha

e, num velho pijama de doente,
medita nessas coisas lentamente.

SONETO DE UMA MORTE

Ele olhava o espelho que chorava,
e o que havia em si só era ausência:
estava morto – era o por quem chorava
o espelho com seu rosto, pura ardência

de ausência, ausência, ausência que chorava
o espelho assombrado pela morte
(o vento do jardim ainda soprava
as palavras que ouvira: a sua morte).

Um outubro evolado há quinze anos
viu essa morte, o pranto em duplo rosto.
Que no morto ainda está, íntimo rosto

de imarcescível morte, imune aos anos.
Que passará só quando ele passar.
O que é o mesmo que jamais passar.

FLOR

Impossível vencer os sonhos
contrariados.
                    Em vão
tentamos sepultá-los sob
a urgência cotidiana.
                              Em vão
nos esquivamos, apóstatas.
                                  Em vão
os trocamos
por esta outra vida.
                              Pois eles
não sufocam, não
se distanciam, não
cessam de sonhar,
                        de se sonhar
em nós.

                        Amiga, aquela flor,
outrora, em teus cabelos. Lembro-me
dela (era junho), da branca
flor em teus cabelos.
                            Assim
os nossos sonhos: como a flor
na memória, nítida
e perene.

E assim
o que sobramos:
como
murcharam teus cabelos
sob a flor.

A CANÇÃO DE BEATRIZ E OUTROS POEMAS

(1985-1990)

À memória de
Ruy Espinheira,
meu pai.

Para Jane,
por tudo.

1. ULISSES

UM POETA, UMA VEZ

para Tuna Espinheira
e Paulo Martins,
que se lembram.

(Sonho e memória me guiam
pelos passos desse dia.)

Descendo da rua alta,
eis o Poeta na tarde.

Franzino, moreno, único
no olhar acerado e rútilo.

Qualquer coisa de palhaço
em suas roupas sovadas,

nos sapatos carcomidos
e no andar à deriva.

Só quem o sabe de perto
tem a impressão correta:

uma ave em voo aberto,
sempre, e que sempre se eleva

à procura de mais vastos
espaços, os ares da alma.

Eis o Poeta trilhando
a praça de luz e sombras.

Entra um momento num bar
para reforçar o hálito.

O sol semeia faíscas
sobre os paralelepípedos

e o Poeta abre mais ao peito
a cinza camisa feia,

listrada de outro cinza
como uma lembrança puída.

O Poeta rima o poente
com uma fornalha ardente

(como outro poeta, ou tantos
– ele se sorri, sardônico).

Ali um banco vazio,
à sombra de um velho fícus:

o Poeta se senta e abre
a carta-todas-as-cartas.

A que será lida com
incredulidade e horror

(doce textura na mão,
lâmina no coração)

por uns; por outros, com pena,
ou não mais que indiferença;

e ainda haverá aquele
que abanará a cabeça

numa repreensão conspícua:
"Se houvessem chamado o hospício

a tempo...". O Poeta ri
a este pensamento e

acende um cigarro adunco,
tragando o fumo tão fundo

como jamais. E eis que sonha
no mormaço. Que estranha

essa coisa, o homem. E a vida,
carta mal lida e esquecida...

Ai que tudo é bem mais árduo
com este vício de metáforas

– suspira o Poeta. E puxa
a sua tragada rude.

Repõe a carta no bolso
e, num súbito tremor,

ergue-se do banco e cruza
o jardim, depois a rua.

A moça o atende logo
no balcão cheio de nódoas.

Sente o Poeta estar fingindo
esse pedido, o tinido

da caixa registradora
e as cédulas do troco.

Mas só um átimo: a vez
é aquela, não seu avesso.

O pacote sob o braço,
retoma seu lento passo.

Vence uma rua. Outra praça.
Bate à porta. Entra na casa.

Senta-se diante do amigo,
que escolhe um novo disco

e o faz girar na vitrola.
Que plenitude se evola,

pensa o Poeta. E diz: "Que belo
esse Cisne de Sibelius!".

Então pergunta o amigo:
o que ele leva consigo?

O Poeta ergue o pacote
e responde: "A minha morte".

O amigo se diverte
com o humor do Poeta.

E logo nada o ocupa
além da nuvem da música.

"Adeus" – lhe diz o Poeta,
tocando-lhe, suave, a testa.

(Só depois irá o amigo
pensar no que ele lhe disse

e fez: a palavra e o gesto
despercebidos, sem eco.)

E o Poeta vence outras ruas.
Em casa, na tábua nua

da mesa, abre o embrulho.
A lata cor de ferrugem

confessa, em letras intensas,
a sua alma violenta.

Mas o Poeta não se abala:
conhece sua própria alma.

Um gole – e já se contorce,
abrasa. Mal abre a porta

e tomba nas pedras ásperas
do alto da rua alta.

(Depois o vi: sem espanto,
sem qualquer sombra na fronte,

em seu caixão. – Eu, aquele
que lhe deixara sem eco

a despedida e o carinho,
numa névoa de violinos.

E mais vi: nenhum remorso
havia no Poeta – absorto

naquele vinho profundo –
por ter apagado o mundo.)

O INVERNO FERE O OUTONO

I

Ao vento
              dança
a romãzeira. É o inverno
que ignora tratados e fere o outono em pleno
maio.
          Atormentada,
ela fustiga-me a memória com seus galhos,
frutos e flores. Com
seu delírio.
                    Chora
sobre o chão
folhas que o vento dispersa.
                                        E eu sou
uma sombra
                    pequenina
à sombra
de outros galhos
                         frutos
                                   flores
e respiro
frio hálito de dezembro.

II

Com seu delírio
viajo. Os anos chovem
das nuvens pesadas
de ira. Há poeira no ar
vindo
dos quintais, da praça
sem calçamento.
                                        Há pó
nos meus cabelos,
olhos e boca.
                                    A mão recolhe uma vara,
o fruto cai, se parte. A vida
é simples
e sumarenta. Os muros
me conhecem, me observam
com seus rostos gretados.
                                                  Um dia
partirei
no denso rubro pó da rodovia
e eles ficarão
comigo
com seus rostos feridos,
                                                às vezes úmidos,
para sempre.

III

                              Tomo
o calor de tua mão
                                        e te conduzo
junto aos muros leprosos,
                                                  através

das árvores inquietas de sanhaços
e te digo
o que nunca te disse,
o que
em mim rugia silencioso,
e te beijo e canto
                    uma canção
de
virgens abandonadas, cavaleiros mortos;
enquanto girassóis velam
por nós
nesse campo de lenda que me canto,
ao calor
de tua mão jamais por mim
tocada.

IV

            E desperto.
                  O inverno apaga as luzes
da tarde. Aquela estrela
me punge
de ti,
      ó desaparecida, ó
irmã
dos ramos torturados!
                        E
é noite, noite, tudo noite.
                           Fecho
de novo os olhos
                  e sorrio
em ruínas
para os anjos finais.

MÃOS

Uma agonia: achar como conter
as mãos. Havia um medo de as perder

habitando-lhe sonhos e vigília
(toda moça é sempre uma ilha

iluminada de assombrações).
Acenavam-lhe, livres, ascensões

sem retorno, talvez além de Deus,
por dez vezes aladas de adeus.

Ai tão formosa vinha e carregada
de eflúvios de moça, aquela amada,

todas as tardes ao jardim, trazendo
qualquer coisa nas mãos (pois as prendendo,

essas coisas, com as mãos, também fazia
que a elas se prendesse o que as prendia).

Uma vez, um jornal. Outra, uma flor.
Uma sombrinha. Um lenço multicor.

Mas nas falanges, lívidas, as ânsias
imploravam abismos e distâncias.

Ai essa estranha amada, quirioalada,
com sua aura sobre a embriagada

alma que me possuía! Ai o queimor,
o fel e a fúria e o céu e o mel do amor!

O mal do amor... Então foi uma tarde
e um ocaso como hoje já não arde

consumia o horizonte. E eis que ela
vinha chegando, luminosa e bela

como si mesma. E ainda mais etérea,
se era possível. E era. Vinha aérea

– e vi que suas mãos nada prendiam,
livres, dançando a brisa, e iam, iam,

e a raptavam... E eu disse: eis-me, adorada,
prende-me a ti e não serás levada

daqui, de mim, do sonho em que te embalo
e canto ao mundo, mesmo se me calo!

Mas nem me olhou. Ceguei-me contra o ocaso
ao procurar segui-la em seu acaso.

Depois, a noite. Onde só a colher
um silêncio de coisas a morrer.

Como o que era para ser sem fim.
Como o resto de infância ainda em mim.

POEMA DE NOVEMBRO

O difícil é aguentar até que a morte chegue.
Suportar, por exemplo, a memória do teu corpo
e aquela noite (era maio) sob
o branco incêndio da lua.

E tanto mais, tanto mais.
                                        Uma vida não dá
para contar
uma vida.
                    E toda uma
às vezes
se consome
numa carícia entre lençóis.

O difícil é aguentar até que a morte
chegue.
                    A morte
que mata todas as mortes,
                                        sepulta
para sempre
todos os mortos. Como
este cadáver de amor
                              que me perfuma.

UM BAILE DA INFÂNCIA

1
O vento
soprando. O vento. O frio. O frio
gemendo
nas esquinas. A doida
grita
          lança pedras
contra o sol
que sangra sobre nuvens.

Ah
teu coração
criança
foge assustado.
A doida
o escuta
e ri
porque sabe que ele
vai doer
a vida inteira e fundo
vai doer.

2
O vento
soprando o frio. A memória
recolhendo papéis e penas e poeira que dançam
no redemoinho
mas não vertiginosos como a doida
dança
enquanto o sol desce
ao túmulo.
Daqui a pouco
será
escuro escuro. Vais rezar
menino
vais rezar
junto à cama
as mãos postas os olhos buscando
o anjo da guarda que protege crianças
no quadro da parede.

Daqui a pouco
vais fechar os olhos
com força
pedir a noite que passe passe passe.
Daqui a pouco
implorarás essa graça
embora saibas que nada mereces
embora saibas
em quanto de ímpio
abrasas.

3
Tremes e não queres
pensar
e pensas (não queres pensar e pensas
para não pensar) no pó
varrido todas as manhãs
e todas as manhãs reencontrado
principalmente sob os móveis.
E te perguntas
de onde ele vem, esse
inesgotável.
Todas as manhãs
as mulheres varrem
varrem
e todas as manhãs
recomeçam
e não há fim:
o pó se amontoa
sempre. Esse
inexorável.
E perguntas
criança
de onde ele vem. Ah (responderás
mais tarde) vem
de tudo
do quintal dos ventos da lua do infinito pó a que
[chamam
Universo
ele vem
e
do pó
do teu pó
um dia
ele virá.

4
Ó uivo
ó
dança
ó
estertores
aguçando a navalha do inverno.
Por um instante
ainda
criança
encostas o rosto na vidraça:
lá está
no meio da rua
retorcida
punhos
contra o céu.

E testemunhas
para sempre para todo o sempre
de ti
a noite se fechar sobre esse ser
todo garras.

Fria pesada vasta noite
densa
da ausência de Deus.

POEMA PARA MARIO

1
Há dois anos e sete meses.
Agosto.

Mais precisamente
aquela noite
                (o mar
respirando além da rua,
da amurada,
                a lua
pesada
sobre os edifícios, sobre
mim);
                    mais
precisamente
quando soube que chegavas,
quando
te vi,
            quando
há dois anos e sete meses
e
um dia
te ouvi chorar,
                foi que
percebi: já era bem tarde.
                        Apenas
um velho me restaria

de mim
para te dar.
E diante da janela alta
fiquei
sentindo.
Como sentimos quando a vida
se despe.

2
Só o Tempo chegamos
a conhecer: no espelho
se revela, nos ossos, na
memória.
No mais,
como o grego
que fora moço e moça e planta e pássaro
e mudo peixe do mar,
nada de nós
sabemos.
Só o Tempo
(nossa mais íntima
matéria)
está
conosco.
Agora
e na Hora.
O Tempo,
há dois anos e sete meses
e um dia
(quando
despertavas),
o Tempo,

como nunca antes em mim, lâmina
fria.

3
Saberás que houve o homem
que escreve nesta noite estagnada.

Sonharás
com nevoentos bares onde ele
naufragou.
                                        Ouvirás
dizer de seus amores, seus
                             compromissos
com o vento.
                                    Tentarás
vê-lo melhor nas palavras
impressas ou retorcidas
nos cadernos.
                                  Perguntarás
debruçado sobre o vago
onde se esfuma aquele
de há dois anos e sete meses
                                                        e um dia,
aquele
ferido por já ser tão tarde
quando vieste.

Perguntarás.
Por ele perguntarás
em tua própria noite estagnada.

4
Sei que haverá um homem
com teu nome
e a idade que hoje tem
este homem.

                    Sonho
longínquos bares
onde ele navegará;
e seus amores, suas
                        ilhas
no ar.

                        Tento
conhecê-lo
                        (embora
                      tão distante)
no olhar, no gesto
do infante.

                   Pergunto
debruçado sobre o vago
onde se perde aquele
que será
talvez quando eu já não possa
perguntar.

5
Em agosto, de súbito, não havia
senão o Tempo
respirando, pesando
sobre mim.

E fiquei
sentindo
como sentimos quando nos traem.
E também
como se traísse
pois permitira que a vida se escoasse
tanto
antes de ti.

Eu,
um já antigo em sua viagem,
fitando vinte anos
vazios de nossa história.

Diante da janela alta,
sentindo.
Como sentimos quando a alma
morre.

SONETO DO ANJO DE MAIO

Então, em maio, um Anjo incendiou-me.
Em seu olhar azul havia um dia
claro como os da infância. E a alegria
entrou em mim e em sua luz tomou-me

o coração. Depois, suave, guiou-me
para mim mesmo, para o que morria,
em meu peito, de olvido. E a noite, fria,
fez-se cálida – e a mágoa desertou-me.

Já não eram as cinzas sobre o Nada,
mas rios, e ventos, e árvores, e flamas,
e montes, e horizontes sem ter fim!

Era a vida de volta, resgatada,
e nova, e para sempre, pelas chamas
desse Anjo de maio que arde em mim!

IMPROVISO NA PRAIA

O vento, denso, me envolve
com seu hálito de mar.
A vida não se resolve,
mas há a Distância a chamar...

(Os saveiros ancorados
sonham sonhos de alto-mar.)

Aqui, na areia, deponho
a alma que vou deixar
para buscar, sonho a sonho,
outro sol, outro luar.

(Até o Sonho além do sonho,
no Mar que há depois do mar.)

CANÇÃO DO OCASO

Há uma estrela luzindo
em meu olhar de absinto

(consolo do fim da tarde,
remorso do dia amargo).

Como sempre, penso nela:
luz do rosto na janela

(um pensar que é da memória,
maré plena de despojos).

Como qualquer um, não sei
por que vim, aonde irei

(por isso nos embriagamos
de deuses e portulanos).

... E o vento baila na rua
solilóquios para a lua

(dança doida, vã, perdida,
palavras da minha vida).

CAMPO DE EROS

Amor: esta palavra acende uma
lua no peito, e tudo mais se esfuma.

E testemunho: eis que Amor deixou
ferida cada coisa que tocou.

E tudo dele fala: a mesa, a cama
(como abrasa este hálito de chama!),

o bar, cadeiras, livros e paredes
vivem, revivem: de fomes e sedes

a corpos saciados. Tudo fala,
tudo conta. Só a boca é que se cala.

Amor. Do extinto pássaro, o voo
prossegue, inexorável. Mas perdoo,

eu, essa lâmina que me escalavra,
revolve em mim, em sua funda lavra,

amor, restos de amor, gestos quebrados,
enganos, mais amor, olhos magoados,

e fúria, e canto, e riso, e dança, e dor.
E a Quimera. E amor, amor, amor

por toda parte trucidado e em flor.

ULISSES

para Valdomiro Santana

O vento canta
o vento
canta
que ninguém volta
canta o
vento
em tua janela
em tua alma aberta sobre a
distância.

Este sal em tua boca
não é do mar
sim
do lago em que submergem
teus olhos
porque sabes
que tudo é apenas
uma vez
como
canta o vento
em tua janela
como
dói
em teu coração:
que ninguém volta.
Ítaca
é só de onde
se vem.

HISTÓRIA

E houve aquela moça que sorriu.
E árvores na praça. E houve um desejo.
Mais que desejo: sonho. E houve um rio

fluindo desse sonho: e seu lampejo
era a face da moça que sorriu
tão longínqua e alta. E houve um arquejo

que só ele escutou, em si tão fundo
e que era outro rio, que rebentava
no âmago, no abismo mais profundo

de si mesmo. E eis que a dor rasgava.
E houve uma nuvem. E um suspiro. E o mundo
sob a face das águas se apagava.

E houve a mocidade. E houve tudo.
E foi inútil: nunca o esquecimento
o abençoou. Só um demônio mudo,

sempre, no peito, velando o momento,
aquele do sorriso. E tudo, tudo
perfeito, imaculado. O mesmo vento

nas árvores da praça. O mesmo arquejo.
O mesmo abismo. E o dilaceramento.
E o desejo. E o sonho. E o lampejo.

E houve isto, assim. E, enfim cansada,
a história se fechou. E houve um silêncio.
E houve uma treva. E não houve mais nada.

2. O PAI

O PAI

Caminho entre túmulos
caminho
sob árvores exaustas de velar os mortos
caminho
aos vinte e três dias da tua ausência
na mão esquerda o frio da alça do caixão
que não soltei
nem quando cimentaram a pedra sobre ti

que não soltarei nunca

Devagar
caminho
que não tens pressa nenhuma
na mão direita estas três rosas vermelhas
úmidas do falso orvalho comercial
mas rosas rosas rosas
a flor que chamavas perfeita
(e em ti como era rara a palavra
perfeição)

Caminho
e não venho do carro que deixei na porta
do Campo Santo
nem
do apartamento silencioso
mas
de muito mais longe e antes
de uma névoa
através da qual te vejo
vencendo as ondas com braçadas vigorosas
ao sol dos anos quarenta
ou
à noite
guiando o meu olhar para o farol
além da baía
ou
alto entre amigos
rindo muito
eu feliz à luz
azul
que baixava dos teus olhos

Caminho
é escuro o corredor assoalhado
e imenso e frio
e é amargo o peito desse menino que anda sobre
[as tábuas rangentes
sozinho
esse menino recordando outra casa
velha
muito velha
com ratos fazendo ninho nos gavetões da cômoda

nas gavetas da máquina de costura
as paredes de adobe sujas e descascadas
mas a porta se abrindo para a rua calma
a cozinha descendo
por degraus carcomidos
para o amplo quintal do tamarindeiro
do pé de jaca-de-pobre
da romãzeira que não crescia
presente de Peter Pan
dos cachorros numa alegria pânica quando os
[visitavas
assim era
assim sonha esse menino em seu peito amargo
passeando sua dor sobre as tábuas gementes
e
de súbito
emerges do sonho pela porta entreaberta
o chapéu um pouco inclinado para a direita
a mala na mão esquerda
na outra a estrela do cigarro
e nada mais é escuro

Estas três rosas vermelhas
a primavera em julho aquecendo os jazigos
a brisa inútil contra a imobilidade do triste anjo
[de bronze
que vela o sono da adolescente
(ele bem sabe:
não virá nenhum príncipe
despertá-la)
nada parecido
com aquela madrugada
mas

me recordo
não ouço mais meus passos sobre
o calçamento
                    ouço
um tinir de colheres e xícaras e garfos e facas e
                                        [pratos
à luz de candeeiros
vejo
a manteiga derretendo sobre o aipim
e contas o caso de um preso que libertaste
e todos te escutam com atenção
                              respeito
e o café fumegando
forte
e acendes um cigarro e eu te admiro
e nos erguemos e saímos para a névoa cerrada
e me perguntas se estou com frio
e eu minto que não
e o jipe desce lentamente a estrada
entre cercas e árvores e histórias
de onças perdizes veados cascavéis
e eu vou orgulhoso entre os experimentados
                                    [aventureiros
e a névoa se ergue e o dia vem ao nosso encontro
e vemos que é bom

E houve outra manhã
a seção eleitoral fechada sob cerco de armas
sais de casa sem um companheiro
percorres as ruas de outubro quietas de medo
ao peso de tua mão
                         a porta se abre
nem um rilhar de dentes se ousa contra o teu gesto

conclamas os mesários
o povo
teu perfil guarda a porta até o fim da tarde
à noite voltas para casa no mesmo passo tranquilo
indiferente a seres jovem demais para morrer

Arraias
uma estrela azul de cinco pontas
o imenso couro-de-boi em papel de embrulho
acompanho as tuas mãos cortando
colando
com a mesma precisão com que inventavam balões
(um de três bocas ficou numa fotografia
elevando-se na praça junto à igreja velha)
com a mesma delicadeza
com que passavam as páginas dos livros
teus irmãos

Noites e noites
acordando e ouvindo tua veloz datilografia
ou o silêncio de tuas leituras
às vezes o ruído de um fósforo sendo aceso
e o cheiro do Astória como um afago

Caminho
bebes com amigos na sala
tua voz domina

Venho de longe e trago no perfil,
Em forma nevoenta e afastada...

tua voz

Qualquer que seja a chuva desses campos
devemos esperar pelos estios...

ah

sabias como poucos que
a thing of beauty is a joy for ever

Caminho
em tua missa de sétimo dia me contaram
estavas preso em 64
no 19º BC
depois de passagem pelos fortes do Barbalho e
[Montserrat
o oficial não te deixou conversar sozinho com o
[advogado
a uma pergunta disseste que não te haviam
[torturado
não a ti
mas que de tua cela escutavas gritos
pancadas
súplicas
gemidos
que aqueles fardados eram indignos
do gênero humano
vermes
o oficial empalidecendo

Caminho
passo pelo portão de ferro
nada me indicava esta sexta-feira entre muros
[habitados por mortos
depois de amanhã deveríamos almoçar juntos
como sempre
à sombra de um denso vinho tinto maduro
depois de conhaques ou licores caseiros
bebidos na varanda
em torno da mesa com tampo de vidro

confortáveis nas cadeiras de vime
de alto espaldar
depois de amanhã
como tantas vezes
depois de amanhã
como nunca mais

Aquele baile
eterno em algum lugar no Tempo
mandam parar a orquestra:
certa presença ofende
senhoras e senhoritas
uma de má fama
não
ali não pode permanecer
exigem
providência ao senhor presidente
já
e
escutas o pedido
ordenas à orquestra música
atravessas o salão e chamas a moça para
[dançar

Caminho
a brisa é suave e há pássaros cantando
mas não a perdiz oculta no capinzal
não o pássaro-preto que assoviava em teu dedo
e morreu sufocado pelo pó de uma parede em
[demolição
mas
bem-te-vis acrobáticos
nesta manhã entre túmulos

uma borboleta
passa rente aos meus olhos
e aqui estou
aqui estou parado
lendo sem acreditar teu nome na pedra
sob o número 3844
e o tempo que tiveste
1921-1986
breve demais para a tua medida

Aqui estou
e não creio
falavas em envelhecer longa e serenamente
e te imagino aos oitenta relembrando canções
reinterrogando éticos
à sombra da catedral barroca de Vieira

Aqui estou e não creio
enfio na terra as três rosas vermelhas
e não creio
leio os nomes dos teus vizinhos
Osíres Agenor Olga Maria Dolores
esta nascida no ano em que nasceu
teu poeta Fernando Pessoa

Aqui estou
e não creio
porque em mim tuas palavras
tuas viagens a cavalo através das matas úmidas
a memória do pomar da infância e do grande
carvalho fendido por um raio
o árduo trabalho pela justiça pago tantas vezes
com perus requeijões frutas hortaliças

ou não pago jamais
aquela manhã no quadrimotor eu 12 anos de idade
e na mão
a história dos cavaleiros da Távola Redonda
o comício contra os fuzis
a cadela Baiana gemendo baixinho enquanto lhe
costuravas o ventre
perfurado por uma estaca
de cerca

a dignidade
insuavizável como a do teu pai
a compreensão e o generoso
amor

Caminho
novamente caminho
estás comigo como quando pousavas a mão no
[meu ombro
a ternura contida mas espessa

Estás comigo
juntos retornamos
ao áspero respirar da cidade
e me fazes cálido e forte
e ninguém percebe
que a estrela Absinto desabou sobre mim.

MEMÓRIA DA CHUVA

(1990-1996)

A Célia (in memoriam)
e Carlos Barral,
meus amigos.

"... chove sobre nós o tempo,
o tempo nos afoga."
José Saramago: *O ano da morte*
de Ricardo Reis.

DEPOIS

Depois, saiu andando pela tarde.
Alguém cantava, longe, acalentando
os escombros do ocaso. E até onde
ele chegara se chamava vida.
Assim pensou, enquanto ouvia a doce
canção da Ausente, de onde renasciam
borboletas, regatos, girassóis
e cães ladrando em quintais antigos.
Olhou (andando, andando) o céu cinzento.
O que restava? Aquilo. As tantas horas
mortas, mortas palavras, morto chão
do amor, dispersos hálitos de alma,
e morta a infância, e tudo morto, morto
– mas persistindo, ali, com uma pátina
inelutável, e se chamava vida.
E ele parou, sentindo-se. E, repleto,
depois saiu andando pela tarde.

LUAR

a Jane

É o luar que me inventa
nesta varanda de prata.
Faz bem pouco, havia apenas
silêncio, e uma alma escassa.

É do luar este conto
solto na espuma do ar,
e que me conta, me sonha
contra ruínas. É o luar

em seu tear me tecendo,
soprando-me uma alma vasta
e as velas desta varanda
em águas iluminadas

por sua lira que respira
este conto – enquanto tarda,
na sombra, a princesa fria
que há de vir me beijar.

SONETO DO QUINTAL

para Matilde e Mario,
em Monte Gordo, março de 1991

Ao recordar a moça, eu me comparo
ao cão que vejo a interrogar a brisa.
O que é mal comparar: bem mais precisa
é a mensagem de odores que o faro

decifra. E então medito sobre o claro
ser desse cão, e invejo essa precisa
vocação de existir. E ausculto a brisa
e nada nela encontro. Nada. E paro

de lembrar e pensar. Há mais profícuas
ocupações. Exemplo: só olhando
estar. Cão. Nuvens. Ramos. E, dormindo,

um gato. E essas formigas – três – conspícuas,
vestidas a rigor, deliberando
em torno de uma flor de tamarindo.

ENQUANTO

Um dia recordarei
que aqui estive, assim, à brisa
de janeiro, folhas verdes
acenando sobre o muro,
céu azul, silêncio,
                                        como
lembro a tarde em que cruzaste
o leito seco do rio,
as tranças ruivas e longas,
os seios ainda dormindo
na blusa
                              e além: na infância.

Um dia recordarei
esta hora, estas palavras
que se escrevem leves como
a brisa, e com ela passam
para o jardim em que lembra
a minha alma
                              enquanto
tarda o tempo de esquecer.

SONETO DA JUSTIFICAÇÃO

a Mário Vieira

Esta noite (ele pensa) justifica
– com seu luar abençoando os ramos
do pé de carambola – os estertores
de que surgiu o Universo. Fica

tudo, tudo (ele pensa) redimido.
Deuses. Deus. O Acaso. Não importa.
Valeu (eis o milagre em sua porta!)
a pena que custou a gestação

deste momento. O qual lhe justifica
(ele suspira), enfim, a paciência
de – até chegar a este luar nos ramos –

ter (calcula) esperado cinco décadas,
sessenta dias e, fechando as contas,
alguns punhados de bilhões de anos.

MEMÓRIA DA CHUVA

Talvez o Espírito de Deus pairasse
sobre a face das águas,
mas só o que ele,
                                        o menino insone,
viu
foi o escuro e as gotas que caíam
num murmúrio.
                                        Foi só
o que viu
e ouviu,
além da sirene do Cine Glória
em seu alarme
e a avó falando baixinho à Virgem Santíssima,
e os lobisomens no vento,
e na imaginação o açude
solto nas ruas,
na praça,
subindo até tanger o sino da igreja
do Divino.

Talvez o Espírito de Deus pairasse
sobre as nuvens,
mas não estava lá quando veio a manhã
e as nuvens se esgarçaram
                                                            e o azul foi alagando

o céu,
e o açude respirava
serenamente
entre as margens pantanosas e a muralha de pedra.

E todos
estavam felizes.
Todos.
Menos um:
aquele,
o menino insone,
que perdera seu reino submerso.

BRISA

a Maurício Almeida

O homem no jardim
não é o homem
no jardim.
Nem o jardim
é o jardim.
O homem lamenta
como um velho poeta: *Ó cousas*
todas vãs, todas mudaves!
E se comove.
Não por si: por outro, há trinta anos,
noutro jardim.
Aqueles,
homem e jardim,
levados,
tão de súbito
como uma pétala,
um hálito,
por uma brisa
como a que agora sopra este homem
e este jardim.

TARDES

Nesta tarde há outra tarde
sem este quarto tão cheio
de livros:
                    sem este homem
quase velho, que escreve
estas palavras;
                    há outra
tarde, de um tempo sereno,
casuarinas, cães ladrando
na distância;
                    e um menino
andando – o passo tão leve –
na rua em que mora um anjo,

enquanto sonha uma tarde
onde um homem quase velho,
num quarto cheio de livros,
vai escrevendo esta história.

CANÇÃO DE DEPOIS DE TANTO

a Roniwalter Jatobá

Vamos beber qualquer coisa,
que a vida está um deserto
e o coração só me pulsa
sombras do Ido e do Incerto.

Vamos beber qualquer coisa,
que a lua avança no mar
e há salobros fantasmas
que não quero visitar.

Vamos beber qualquer coisa
amarga, rascante, rude,
brindando sobre o já frio
cadáver da juventude.

Vamos beber qualquer coisa.
O que for. Vamos beber.
Mesmo porque não há mais
o que se possa fazer.

O POETA EM SUA VARANDA

a Paulo Henriques Britto

Se ajeita na cadeira reclinável,
entre uma saudade e uma quimera,
sob outono que sabe a primavera
e agora o afaga com a mais amorável

tarde do mês. Aliás, todo ele amável,
este abril, ele pensa, já a quimera
enviando a pastar em outra era,
que à hora basta esta admirável

lembrança que o embala. E eis que seu ser
é como cristalina claraboia
banhada pelo sol do amanhecer,

enquanto, a essa luz de ouro e joia,
serenamente ele começa a ler
uma carta de amor vinda de Troia.

SEMPRE

a Carlos Barral

I
A infância é sempre.
                    Nela
uma fonte canta
como cantam
uma romã preciosa de orvalho
e a luz da manhã sobre um menino.

II
Canta a fonte segundo
o sonho
da infância.
                    Sonha a fonte
uma lenda:
                    casuarinas
ao vento;
                    manadas
de nuvens;
                    e o açude
denso de sonhos
de afogados.

III
Sonha a fonte.
                              É cálida nas veias.
Docemente me afogo em seu murmúrio.
Desço aos castelos de seixos com suas damas,
que estão comigo desde a origem
e serão as mesmas em torno
do meu leito final.

IV
Sonha a fonte. Sonha como
sonha a moça na janela,
que sonha, assim calma e bela,
o sonho com que a sonho.

Canta a fonte. Como canta
a lua na água. A alma
na carne. A moça no sonho
com que a sonho em sua calma,

em seu sonho no castelo
de seixos, nessa janela
em que ela é todas as damas,
que sonham seus sonhos nela.

Sonho a fonte, que me sonha.
Não há tempo nem distância.
Em parte alguma horizonte,
como, em si mesma, uma fonte.

V
A infância é sempre.
                                        Como uma fonte
canta
o canto
de onde nasce a fonte.

Como um menino compõe
a luz
        da manhã,
que sonha esse
menino,
                    que a sonha
como canta uma
romã,
            onde roreja
a perene manhã.

SONETO DA TRISTE FERA

a Florisvaldo Mattos

Quanto mais o olhar acera,
recrudesce a noite vasta,
restando apenas à fera
as trevas em que se engasta.

Choramos, era após era,
esta carência que pasta
entre escombros de quimera
tudo aquilo que não basta

a nós, esta triste fera
que vê só o duro luzir
desta, mais fera que a fera,

condição que a vergasta:
corpo – o que nos vai trair;
e alma – o que nos devasta!

A CHAVE DE OURO

Tudo quanto ele fazia
nada de nada podia

contra a imagem iluminada
em sua alma assombrada;

em cada porta ou janela
era sempre a face dela;

em cada momento o susto
de suas pernas, seu busto,

seu olhar (noite sem fim!),
seu hálito de jardim

– e o sorriso em alva ardência
de um luar de demência!

Não encontrava exorcismo
que fechasse aquele abismo.

Tentou viagem, soberba
– e era sempre a dor acerba

que esplendia desde ela
cada vez mais fera e bela.

Tentou álcool, dados, putas,
rezas, moças impolutas,

tudo em vão: ela vencia,
perfumada de ironia.

Parecia haver saída
somente fora da vida:

gilete no pulso; frio,
pesado abraço do rio;

voo de vertigem nos ares
por uns dez ou doze andares;

laço a balançar ao vento...
um tiro no pensamento...

Mas um dia a luz se fez
por sobre a pálida tez.

E ele, em delírio, apanhou
lápis, papel, e traçou

em cadência inexorável
(em torno da implacável

dama que o embruxara)
a forma harmoniosa, clara

do castelo de um soneto
– cujo último terceto,

contra qualquer mau agouro,
fechou com chave de ouro.

E então, respirando fundo,
foi-se aos caminhos do mundo.

Ao retornar, já maduro,
mostrava o passo seguro

e a expressão de plena calma
no corpo como na alma

– porque, desfeitas as camas,
soubera arrumar as damas

cada qual em sua memória:
vivas, porém noutra história,

sem ponte para este lado
onde ele adianta o seu fado.

Cada qual em seus quartetos.
Cada qual em seus tercetos.

Num caderno de sonetos.

EXUMAÇÃO

a Paulo Espinheira

Não sei como tantas vastidões
couberam um dia nessa pequena
casca de osso
que o coveiro retira com as mãos nuas
e deposita na caixa de metal.

Penso nisto, enquanto ele,
exímio,
se curva mais uma vez sobre o caixão,
recolhe
tíbias e fêmures,
cúbitos e úmeros,
afastando as roupas corroídas,
vertendo o conteúdo das meias,
arrumando depois tudo
para a breve viagem
de túmulo a túmulo.

Leves ruídos na caixa,
enquanto caminhamos
pelos corredores dos emparedados.
Um som de apenas
asperezas.
E é só.
No entanto,

uma vez,
não sei como, cintilaram
galáxias
nessa pequena e frágil casca que conduzimos
entre outros inúteis objetos pessoais
deixados por aquele que partiu
para nenhum endereço.

BLIND BORGES

La vasta y vaga y necesaria muerte.
Jorge Luis Borges: *Blind Pew*

A vasta e vaga morte, esse outro sonho,
não é só outro sonho: é a mais remota
ilha de ouro a que nossa derrota
nos leva, inexorável, sonho a sonho.

Latidos pelos cães, sonho após sonho,
sonhamos. Esta é a vida, a vela, a rota
do homem: sonhar. E em áurea praia ignota
sonha o que sonha o sonhador, que é sonho.

Isto é o que pulsa em nós: o ansiado ouro
– distante e aqui, no coração –, tesouro
cuja procura tece a nossa sorte;

rumo que a alma singra e sagra em ouro
até chegar, enfim, a esse tesouro
incorruptível que nos sonha a morte.

A CHUVA, UMA HISTÓRIA

a Alexei Bueno

A chuva conta uma história
nas telhas, no chão de ardósia.

Fala do açude onde sonha
esse reflexo risonho

(e onde tão fundo sonharam
os sonhos dos afogados)

que é um menino em seu sonho
de horizontes tão longe

que lá (ele não sabia)
jamais chegaria a vida.

A chuva conta este conto
que é como um sonho em que sonha

esse menino, que se ergue
de sobre a luz do reflexo

(e vai com ele essa luz
de amplos espaços azuis)

à voz que o busca, de casa,
por sobre montes e vales

(para os ouvidos, demais
distante, mas chega à alma),

essa ternura que o chama
nas frias cinzas do ângelus

e o envolve, e o guia, cálida,
entre as ruínas da tarde,

e agora silencia
neste ermo fim do dia

de um homem, enquanto a chuva
chora no rosto dos muros.

CANÇÃO DO PIRATA NAUFRAGADO

Para ela, aquele aroma
de rosas, sorrisos e um
amplo luar. Para mim,
uma garrafa de rum.

Para ela, a brisa, a pétala
das nuvens, a noite calma
de um corpo que sonha. Para
mim, os pesadelos da alma.

Para ela, os mares todos
submissos à sua nau
amorosa. Para mim,
esta dor de Menelau

zurzindo o peito e exigindo,
rude, sem pudor nenhum,
molho inglês, queijo, salame
– e outra garrafa de rum!

SONETO DO INELUTÁVEL

a João Carlos Teixeira Gomes

Primeiro foi, senhora e dona, esta.
Todo o horizonte do amor cercado.
Isto até o momento em que, pasmado,
viu ele aquela adentrando a festa.

Mas então, afinal, não era esta
a verdade do amor! Iluminado,
lançou-se – em samba, valsa, tango, fado –
ele aos meneios dessa nova festa!

Rodopiou, feliz, junto daquela,
até sentir o aroma dessa outra
que por ele passou, roçou, tão bela

como nenhuma. Menos aqueloutra,
que só não é mais amorosa e bela
do que a que é, e há de ser sempre, a outra.

CANÇÃO DA PERMANÊNCIA

Porque aqui ela viveu,
o tempo não pode nada.
É a mesma lua que ceifa
as sombras da madrugada.

É a mesma angústia pulsando;
mesma secura no olhar;
mesma esperança vã; mesma
vontade de me matar.

Porque aqui ela viveu,
nada é chegada ou partida.
É tudo perene: flama
embalsamada incendida

(até, por fim, se fechar
o conto da minha vida).

AO LUAR

Ao luar, a um dia só da primavera
oficial, eis que ele escuta a hera

densa de amor acariciando os muros,
abraçando-os, possuindo-os, nos escuros

e nos claros da noite. Ao luar e só,
ele sente mover-se, sob o pó

de antigas primaveras e outras luas,
rostos de casas, campos, gestos, ruas

que há muito desertaram os olhos velhos
que hoje o fitam de todos os espelhos.

Ouvindo a hera, as nuvens, o luar
que canta sobre as árvores e o mar

uma branca magia, ele vê, pálido,
sorrir-lhe o sorriso calmo, cálido,

de uma infanta em plena primavera
ao luar e ao som da hera de outra era.

E então, ao luar, enquanto escuta a hera
cantar, a um dia só da primavera

oficial, eis que ele enlaça a infanta
e dança uma mentira meiga e santa

como só sabe ser o que é história
contada nos boleros da memória.

CAIXA

Nem era mais lembrada esta caixa de metal
com um veleiro enferrujado na tampa.
No entanto, esquecida, não esqueceu,
como mostra, ao ser aberta,
nesta agenda com números de telefones
que soam na juventude
e nesta fotografia
de
pai, mãe, avó, sete meninos
sob um sol anoitecido há quarenta anos.

Não esqueceu. E se deixa
fechar novamente por quem sabe
que ela nunca mais se fechará.

ÁLBUM

I
No álbum ele contempla uma alma
aprisionada pelo fotógrafo há trinta e quatro anos.

Como é bela, ele se diz, soprando
a poeira do papel
(como não pode soprar a que pousou
sobre sua própria
alma).

II
Ali está, uma jovem
nuvem
que raia manhã de março
(pouco antes do rapto da luz)
onde tudo é doce como
esses joelhos ao sol,
ante os quais ele respira um tumulto
que nunca haverá de se
pacificar.

III
Uma nuvem
límpida, esse olhar
em que ele se busca também
límpido,
em que se sonha antes
deste pó,
desta exausta nuvem de
cinzas.

IV
Tão bela. Suspira ele,
ronda-se
entre ruínas
onde cintila, aqui, uma migalha
de perfume,
                ali um gesto,
um riso que goteja
na sombra.

V
Uma nuvem
límpida, ele sofre.
                        Bela e jovem.
Como os que apenas vêm
chegando. Ou os que tudo
ultrapassaram,
                como
os mortos.

MARIO, EM SEU BOTE INFLÁVEL, NO MAR DE GUARAJUBA (VERÃO DE 96)

O dia acende o mar para o menino
e seus sonhos num barco feito de ar.
Troias para onde ir, onde lutar,
falam na brisa, nas ondas. Destino

é o que nos damos. Como esse menino
rema o barco no rumo de outro mar
(muito antes do tempo de chorar
as ítacas). Não sonha, o destino,

o que somos, seremos. Nossos sonhos
é que o sonham. Como os que um menino
num barco vai sonhando: claros sonhos

de distâncias que sonham um destino
formoso como sabem ser os sonhos.
Ou os deuses. Ou o mar. Ou um menino.

SOSÍGENES COSTA

a Hélio Pólvora

Teu rosto de cerusa no retrato
nada me diz do sol na ravenala,
muito menos de aroma, vinho, gala:
é só um moço, ali, de fino trato,

que, constrangido, posa. Mas (sou grato
a Mnemósine), se te ouço a fala
dos versos, se abrem fogos de Bengala
trazendo-me, de ti, outro retrato.

Mas não um rosto: a Cor como uma fonte
jorrando anjos, pavões, a cerofala
do luar, dragões, poentes de Belmonte.

Maga poesia que tua alma exala
e que só há de deixar-me a voz e a fronte
quando eu morrer perdendo o mundo e a opala.

ELEGIA DE AGOSTO E OUTROS POEMAS

(1996-2004)

A
Luciana Villas-Boas

e
Alexei Bueno, André Seffrin, Antonio Carlos Secchin, Antonio Torres, Carlos Barral, Florisvaldo Mattos, Guido Guerra, Ivan Junqueira, James Amado, Miguel Sanches Neto, Pinras e Eva Abenhaim, Ricardo Vieira Lima, Suzana Vargas, generosas amizades;

A
Maria da Paixão,
por ser suave e imune
aos meus ceticismos;

A
Matilde e Mario,
meus filhos,
como sempre.

"Convertir el ultraje de los años
En una música, un rumor y un símbolo"
Jorge Luis Borges: *Arte poética*

1. HERANÇA

NOITE DE MAIO

Quatro mil e tantos livros nas paredes.
Mais de vinte mil dias deixados para trás.

De resto, noite de maio,
quase junho, chovendo nas telhas.

E este caderno aberto sobre a mesa
à espera dos traços luminosos
que, sonhados na alma, jamais chegaram
às minhas mãos.

CANÇÃO MATINAL

a Ricardo Vieira Lima

Acorda bem cedo o homem
da casa de telha-vã
e abre janela e porta
como se abrisse a manhã.

E eis que a vida não é mais
nem triste, nem só, nem vã.
É doce: cheira a goiaba
e brilha como romã

orvalhada. E ele caminha,
o homem, com passos de lã
para em nada perturbar
a quietude da manhã.

Já não há mágoas de perdas
nem angústias de amanhã,
pois a alma que há na calma
entre a goiaba e a romã

é a própria alma do homem
da casa de telha-vã,
que declara a noite morta
e acende em si a manhã.

SONETO DA NEGRA

a Maria da Paixão

A cor da suavidade é que a modula.
Nela se abisma a luz e se revela
incapaz de alterar nada daquela
penumbra que a atrai, absorve, anula.

Nessa paisagem que coleia, ondula
como um rio, ou o mar (e é dela e ela),
um vento violento me desvela
um animal que me trucida e ulula.

O tom da suavidade não se altera,
eleva um canto cálido e me diz
que são garras de amor, e é bela a fera.

E assim, em carne rubra e cicatriz,
entrego à cor profunda que me espera
estes despojos em que sou feliz.

CANÇÃO DA MOÇA E DO SONHO

a Neyla, in memoriam

Com que sonhavam, no baile,
seus olhos semicerrados?

Há mais de quarenta anos
foi tirado este retrato:

a moça em vestido casto
e luz de sonho no olhar.

Com que essa moça sonhava
nesse intervalo de baile

e de maneira tão clara
que os olhos quase fechavam?

O que – ou a quem – contemplava
o sonho no seu olhar?

Há mais de quarenta anos,
como era serena a face

voltada para esse sonho
(moça e sonho: face a face).

Que sonho nela sonhava,
e que tanto a iluminava?

Não importa. Importa a face
doce; e, nos semicerrados

olhos, a canção do sonho.
Importa que houve um sonho

e o resplendor dessa face
– antes que o tempo passasse.

BILHETE A MARIA

Desperto para o teu corpo nesta noite madura.
Desperto com o corpo. Aqui não há almas.
A saudade é do corpo, e é corpo o que se modula
na memória do corpo, sem desconcertos de alma.

Aqui é a maré do corpo, densa, respirando
o seu morno marulho: corpo a corpo. Espessa
harmonia. Memória: corpo em corpo. Tudo
anterior à alma, esse sopro de intempéries.

O despertar é do corpo, a saudade é do corpo,
na memória do corpo é o corpo que se modula
quando, em denso marulho, espesso, corpo em
[corpo,
desperto-me teu corpo nesta noite madura.

ESSA MULHER

A que nunca amei e me ama pensa em mim à noite
antes de dormir, e nos escombros do sono
vê o meu rosto suave, arrogante, de há muitos anos
e sente uma mão fria empunhar-lhe o coração.

É bela a que nunca amei e me ama, cada vez mais bela
com seus cabelos soltos ao sopro da memória,
com uma voz onde sonham luas que jamais
[iluminaram
um caminho que me levasse à que nunca amei e
[me ama.

É doce essa mulher que acorda e diz o meu nome
com unção. Seus olhos me fitam do longínquo
e doem em mim como dói nessa mulher que me ama
amar quem nunca a amou, disperso em seus enganos.

A que nunca amei e me ama acaricia a minha
[ausência
com pena de mim, que teria sido feliz, bem sabe,
se a tivesse amado; a ela, que me ama e nunca amei
e nunca hei de amar, como até hoje, amargamente.

HERANÇA

Rua Ramalho Ortigão, nº 1.
Ao longo dos domingos nos sentávamos
todos à mesa oval, bebendo para
que as Musas perdessem a timidez
e tomassem lugar ao nosso lado.
E elas baixavam, sempre, em meio à tarde
e ali ficavam até mesmo quando
só um restava ouvindo o que cantavam
as sereias no cálice de Porto.
Isto deixo aos meus filhos: esta herança
do que ocorria, em certa era, na
Rua Ramalho Ortigão, nº 1,
onde não há domingos há onze anos.

SONETO PARA SANDRA

Porque és assim tão bela, só me resta
achar que os deuses me amam; e urdir-me
eu mesmo, como nunca, sem mentir-me,
amplo, repleto, pleno, claro, nesta

lua que em mim acordas para esta
gesta que tange a alma e me faz ir-me
de mim a mim, em mim, para sentir-me
como tu me modulas nesta festa

que retumba na aorta iluminada.
Porque és assim, uns ventos doidos tramam
meus caminhos, que esplendem na orvalhada

da vida nova, de onde os sonhos chamam,
e eu beijo a tua boca ensolarada
e só me resta achar que os deuses me amam.

SEGUNDO SONETO PARA SANDRA

Porque és, além de bela, fugidia,
e me deslembras de alma tão serena
quanto os teus olhos, só me resta a pena
de assim te aceitar. Como a poesia,

me assombras sem aviso: pleno dia;
depois a noite, a ausência, o vácuo, a pena
de te saber distante e tão serena
em me esquecer. Mas há uma alegria

que em mim dispersa a infelicidade
cujo sabor amarga estes quartetos
que acabo de escrever – e, na verdade,

já me compõe feliz nestes tercetos:
porque ganhei, contigo, uma saudade
luminosa – como és – e dois sonetos.

FLOR DE JUNHO

Tua lembrança nasce em mim, digamos,
como uma flor de junho: úmida, fria,
curvada ao vento e à melancolia
do que vivemos. Mais: do que deixamos

de viver (penso nisto, assim, digamos,
mordido de remorsos). Quem diria
que viria tão rápido este dia
em que eu veria que passei, passamos?

Flor de junho... Essa história, outras histórias,
por quanto ainda, assim, dessas memórias
suportarei? E o corvo Nunca Mais

me pousa no ombro. E, vendo a comoção
lavrando-me, me afaga e me diz: "Não
há de ser nada – amanhã tem mais".

INSÔNIA

a Ivan Junqueira

O silêncio sonha nas telhas.
Escrevo isto e nem sei o que significa.
Sei que estou só
e há silêncio
e as telhas apagam a lua,
se é que ela anda por aí esta noite.

Quase madrugada no relógio
que a moça me deu para que eu me lembre dela
todo o tempo. E eu me lembro. Mesmo quando
não olho o relógio eu me lembro
dela
e de tudo
que lembrar é a minha natureza e às vezes
um desespero.

(Que resignação estranha é esperar pelo sono.
Que não vem,
é claro,
pois se viesse
não escreveríamos coisas estranhas
sob uma estranha resignação
durante a qual especulamos sobre o sonho
do silêncio nas telhas e lua
e lembranças.)

Um poeta desperta em mim
e vem
com jogos de xadrez e túmulos
perfumados de vinho. E em seguida
um outro, caminhando
por uma ponte
em companhia da própria sombra magra
e com medo
do Destino.
                    E há outros e outros
e nenhum me consola e estão mortos
e os que não estão mortos não perdem
por esperar.

As traças trabalham. Não as ouço nem vejo
mas sei que trabalham
roendo
esses poetas e outras vidas
e imaginações no papel, tristes coisas do homem
desde Alexandria, de Tule, desde as cavernas
                                        [pintadas,
desde
antes de Alexandria, de Tule, das cavernas,
desde
nosso primeiro passo para fora
do Éden.

O silêncio sonha
nas telhas. Continuo
sem saber o que isto significa,
mas há qualquer coisa que me faz escrever
novamente,
com uma obscura emoção,

que o silêncio sonha
nas telhas. Qualquer coisa,
esta,
como um ganido
subindo, subindo, dilacerante
subindo, inexorável,
de um abismo.

(Inexorável como a alma,
eu vos direi,
paredes, cadeiras, arquivos, escrivaninhas,
estantes, portas, janela, quadros,
livros, pastas, papéis avulsos, telhas
– onde sonha o silêncio... –,
eu vos direi,
porque não me podeis ouvir,
só por ser assim,
eu vos digo.)

Há mais de trinta anos os teus joelhos
ao sol. Os deuses estavam felizes
e sopraram uma suavidade especial
sobre a manhã. Às vezes penso que tudo
não foi,
nunca houve um tempo em que eu tivesse
dezessete anos,
que tudo é sonho ou uma história que me contaram
e a interromperam naquela luz
e assim a deixaram,
momento feliz dos deuses
para nunca mais.

(Ao longe o som de um avião
onde a minha vida não se vai.
Um tempo sonhei viagens,
como dormi com mulheres de romances
e filmes,
como salvei o mundo e vivemos felizes
para sempre.)

Asas batem na lâmpada
batem batem batem
projetando nas paredes sombras
muitas vezes o seu tamanho,
talvez
do tamanho da dor que as queima,
mas
nem de longe
do tamanho do horror dessa fascinação
mortal,
luminoso exemplo da justiça de tudo
que o Senhor espargiu sobre a vida
em sua célebre semana de divina arquitetura.

Cartas se amontoam
sobre a mesa,
com suas vozes distantes que aguardam
minha voz. Mas não me sinto escrevendo
para ninguém esta noite. Anoto apenas
estas prosas melancólicas,
estes fragmentos doentios de quem não mereceu
[adormecer

o sono dos justos
ou, melhor ainda, o sono
dos canalhas,
que são estes, sem dúvida,
os que dormem mais
placidamente, confortáveis
em suas alminhas sem mácula de remorsos
(que o canalha propriamente é puro
em sua natureza; ou assim,
ou não passará de um falso
canalha, pobre
ovelha desgarrada
de que os canalhas riem com todas as suas
hienas).

Teus joelhos ao sol, outrora. Mas vieste
comigo ao longo do tempo, como um fantasma
íntimo
que continuará em mim quando eu estiver partindo
e com o teu beijo passarei para onde,
depois que passamos,
já nada passa

(e aqui informo aos poetas atentos
nas estantes
que também me sinto fora de moda
como uma velha canção
e guardo
como veem
memórias
que o tempo faz cada vez mais fundas
como nomes gravados em casca de árvore
e aprendi que ninguém é poupado jamais

a não ser em sonhos
e às vezes, acrescento, nem assim).

E já não anotarei mais nada
deste delírio, ficarei
imóvel
esperando que as pálpebras me fechem
longe de tudo, num silêncio maior
que o silêncio que sonha
nas telhas.

ESCLARECIMENTO

(com licença de Ronsard
e Hélène de Surgères)

Não se trata
de eu te ter celebrado
quando eras bela.

Trata-se
de que és bela
então e hoje e sempre
porque eu te celebrei.

ESTE DIA

Chegar, assim, a um dia
como este, quem diria?

Ninguém, que não poderia
alguém saber deste dia.

Nem eu, que me prometia
varandas de calmaria

se a uma hora tardia
da vida chegasse um dia.

No entanto, eis-me neste dia,
o qual jamais urdiria

nem em pesadelos; dia
ardendo contra a alegria,

a paz, o amor, a poesia,
o corpo, a esperança; dia

como nenhum: pedraria
fulgurante de agonia.

A FALTA

Falta alguma coisa.
Falta desde sempre.

Desde que me sinto.
Mesmo nos Natais,

quando havia tudo
– árvore, presentes,

luzes, cantos, risos,
a família cálida –

de súbito abria-se,
no íntimo, a falta,

sem nome, sem rosto,
sem história, só

presença de ausência.
Tanto interroguei-me

o que me faltava.
Nada respondia,

apenas estava,
mesmo nas diamâncias

do amor, como em tudo –
na adolescência,

na idade madura,
nos sinais primeiros

de desesperança
no sonho e na carne.

Como agora está,
fiel como a sombra

que jamais permite
seja ignorada

minha opacidade.
De tudo o que tive

e tenho, talvez
só haja possuído

mesmo esta falta,
que há de ficar

presente e pungindo
até que eu transponha

o último limiar,
quando então, por fim,

nada faltará.

SONETO DA RESSACA

Não foi por ter bebido que fiquei
pensando estes românticos pensares
– que são velhos suspiros, de outros ares,
que muito antigamente suspirei.

E que ainda suspiro, pois não sei
como silenciar esses cantares
de sereias que vêm, claros, dos mares
onde cheguei à glória e me afoguei

vezes sem conta. Doce naufragado
que, bêbado de luar e malmequeres,
retorna, sempre. E, mesmo ressaqueado,

com seu verbo amoroso e outros talheres
já se antevê sair, resignado,
para mais desconcertos com mulheres.

NA CIDADE DE ANTES

6 – Bailes

Tantas vezes morto assim
ao ver que amanhecia

pois findavam-se os boleros
e nada me acontecia

do que prometera a noite
que no horizonte morria

pois na boca iluminada
nenhum sorriso sorrira

nenhuma doce palavra
em meus ouvidos cantara

nem minha boca dissera
aquilo que eu ensaiara

nas noites em que ficara
desperto para sonhar.

Tantas vezes assim morto
sem horizonte, sem porto

e ainda pior: sem viagem
a não ser por entre as algas,

amargas algas da alma
com suas máculas de mágoa.

Tantas vezes morto assim
nas noites mortas de mim.

CANÇÃO DO AMOR ANTIGO

Amor antigo, de quando
nem me sabia te amando.

Sabia só que se abria
o dia quando te via

e alguma coisa doía
com uma dor de alegria

– ou como feliz desgosto
aceso à luz do teu rosto.

Contrastes de que vivia
minha história, noite e dia:

aquilo que iluminava
era o mesmo que apagava

a luz, e me anoitecia
de calar o que sentia:

alta maré de paixão
queimando no coração.

E vieram horas e anos
– prosaicos, cotidianos,

e mais isto e aquilo: coisas
sem conta. vagidos, loisas,

ventos de riso e de dor
e, de repente, um amor.

Aliás: amores. Leves
ou densos, mas sempre breves,

pois nenhum em mim abria
o dia de quando via,

para meu feliz desgosto,
a harmonia do teu rosto.

Claro dia que doía
– e ainda dói, neste dia,

com o mesmo brilho de enganos,
apesar dos tantos anos

(e talvez um certo gosto
de tarde morta, sol-posto).

E assim permanece em mim,
como antes. Como no fim

será: mesmo amor de quando
nem me sabia te amando.

OUTRO DIA

Que tudo se vá
e não volte mais.

Nem como distante
névoa de lembrança.

Que tudo se finde
e só reste cinza.

Da autêntica – sem
trapaça de fênix.

CANÇÃO DA ALMA ESTAGNADA

Faz tempo que não escrevo.
Mas como escrever, se nada
ouço em mim, se nem um sopro
se move na alma estagnada?
Tudo cessou. Uma ausência
é só o que sinto onde havia
aquela que refulgia
em amplas marés de sonhos
e, às vezes, como o luar,
derramava-se – infinita
de caminhos, como o ar.
Aquela que foi assim
e agora é só um vazio,
pois que em almas estagnadas
nada é – como num mundo
de onde partiram as fadas.

PERGUNTAS NA SOMBRA

Onde um regato de calma
em que derramar a alma?

Em que vão, ou em que dia,
um hálito de alegria?

Quando em mim se esquecerá
tudo o que nunca será?

Como esta dor ter um fim,
se sou o que dói em mim?

CANÇÃO DOS CHOPES DE MAIO

a André Seffrin

Aqui, nos chopes de maio,
há uma sugestão de rosas
ao luar – e vasta ânsia
por mulheres suntuosas!

Aqui, em ouros e espumas,
me sonho alto, como alguém
bravo de vencer o mar
e de se chamar Ninguém.

Aqui, em goles preclaros,
bebo aos que não voltam mais
(como jamais haverão
de chegar a nenhum cais...).

E brindo aos claros amigos:
que seja o chope alegria
dia e noite; e, de maio a maio,
traga-lhes sempre a magia

– entre seus ouros e espumas –
de uma sugestão de rosas
ao luar – e vasta ânsia
por mulheres suntuosas!

DEPOIS DA CHUVA E DO VENTO

Depois da chuva e do vento,
saiu à varanda e olhou as árvores,
que pareciam cansadas mas felizes
cintilando ao luar,

e pensou em outras árvores,
e numa rua, e num cão, e em rostos
jovens,
e num espelho antigo com o seu próprio rosto
refletido,

e então voltou à casa
e
fechou a porta,

e caminhou até o quarto
e se estendeu na cama cheio de esperanças
de dormir,

porque, afinal, já era muito tarde.

RETRATO

Eu te vejo neste retrato
como te via aos dezessete anos.
Tinhas trinta e nove, luminosamente.
Como passaste, pai! Como passamos!

Há tanto tempo já que tu partiste.
Todo um mundo se foi – e vai, e vai...
Olho o teu rosto na moldura e penso
que tenho hoje idade de ser teu pai.

SONETO DE ANO-NOVO

Sob as primeiras luzes de janeiro,
sente ainda enfunar-se a alma rota
de cinquenta e oito anos nas derrotas
que vai singrando, rude aventureiro.

Medita, nesta praia de janeiro,
sonhando nas espumas novas rotas.
Sua alma é ainda a mesma: essas derrotas,
e os oceanos, e os ventos, e o veleiro.

Alma rota, porém ainda capaz
de respirar palmares e areias
virgens, e ir à sua busca, até que a paz

pouse nas velas e acenda no mar
– doce de azuis abismos e sereias –
um dia lindo para naufragar.

GESTOS: DOIS SONETOS

I

Acaricio teu rosto na lembrança
com minha mão de antes, suave e pura,
anterior a esta mão impura
que, hesitante, aqui escreve. Avança

esse gesto perfeito (pois lembrança)
além da testa nítida, e a escura
maré dos teus cabelos toca – pura
carícia na carícia. E nada trança

mais a memória. E ainda que aventura
poderia contar? Em sua dança,
o gesto é a história toda: a ventura

do afago de alma que no tempo avança
e me devolve a límpida ternura
anterior aos gestos de lembrança.

II

Acaricio teu rosto na lembrança
com minha mão de antes, suave, pura,
anterior a esta mão impura
que, hesitante, aqui escreve. Avança

esse gesto perfeito (pois lembrança)
além da testa nítida, e a escura
maré dos teus cabelos toca – pura
carícia na carícia. E nada trança

mais a memória. O conto de ternura
já inteiro se contou. Em sua dança,
o gesto é a história toda: a aventura

do antigo afago que no tempo avança
e em mim desperta a límpida ventura
da carícia de um gesto de lembrança.

GRÁCIA

I
A notícia de sua morte
é como uma tarde baixando,
suave,
em mim e em nossas sombras antigas
à sombra
de bares pobres e também
já mortos.

II
Você era, de nós, quem menos via
sentido nisso a que chamamos vida
e apenas se deixava ir, fluir
para rumo nenhum, apenas ia
com seu álcool, seu fumo e a ironia
de quem não pode ter em seu olhar
senão a face do vento a passar.

III
Por isso
suave é a notícia
de sua morte.
Pois
você
fez o percurso sem ceder espaço

aos logros da
esperança;
                                        ao sonho,
que nos desperta para que o vejamos
apenas
desfazer-se no ar.

Assim você: na plena
                                                        claridade,
rejeitando os véus com que
nós todos nos protegemos,
nos mentimos,
contra a luz implacável de cada instante,
de cada
mínimo tremor
do coração.

IV

Você era de nós quem nunca via
o que em nosso olhar se coloria.
Ou melhor: era só você quem via
que onde víamos tanto nada havia.

Você foi, entre nós, na sordidez
de cada dia, a dura limpidez
de quem nada buscou, pois tudo o que há
é um gesto, um lampejo – e a noite cai.

V

Por isso o sentimento
de sua morte
se abre em mim como uma tarde suave.
Uma tarde,
como sua alma,
limpa de todo engano pela brisa
que vem do movimento de asas do anjo
desilusor.

SONETO DA LUA ANTIGA

De repente ficamos muito antigos.
Em teu olhar ainda reluz a lua,
porém distante, sobre antiga rua
de onde me vêm farrapos de cantigas

antigas como nós. Um desabrigo
me ofende a alma ao pensar-te nua
agora, sob a luz dura da lua
que não é a outra lua, a lua antiga

que do teu corpo retirava o brilho
com que inundava o céu e a minha vida
em vastidão de amor, cálida lua

que já não vem – ou só como esbatida
lembrança dos teus olhos, desde quando,
de repente, ficamos muito antigos.

SONETO A DEZ DIAS DE COMPLETAR 60 ANOS

Esta saudade: a manhã que aporta
como um filhote de dragão marinho
cujo olhar me compõe em terso vinho.
E logo outra saudade: quando à morta

tarde eis que o vinho é árduo. E então aporta
a noite, velas tintas de outro vinho
em que se esgarça a luz do azul-marinho
como que num sabor de lua morta.

E assim é: lago obscuro, um vago vinho
em que marulha a voz de outras idades
a recontar os contos do caminho

até este dia: suores, vanidades
– tudo valeu. Um vinho que chora os vinhos
idos em que se embriaga: estas saudades.

SONETO DO SONO

A tarde é tão serena que parece
vir do hálito que sobe do teu sono.
Vejo-te ir nas nuvens do abandono,
comovido de calma. A tarde desce

ao longe, sobre o mar. Mas lenta e leve,
como a exala o sonho desse sono.
E tudo, enfim, é o sopro do abandono
e o seu sussurrar na mão que escreve.

Dormes como num voo. Como se fosse
quando o tempo era jovem. E então me sinto
pleno de mar e luz e céu – e sou

soberbo e claro por estar absorto
no abandono desse pó de estrelas
que se juntou para inventar teu corpo.

SONETO NO AEROPORTO DE LISBOA

(11 de junho de 2004)

a Ivan Junqueira e Alexei Bueno,
companheiros de aventura Brasil-Santiago de Compostela,
e a Luís G. Tosar, que nos convocou a tanto.

Um chope claro e caro. Um fofo e frio
sanduíche de queijo. Um cafezinho
quente e forte, é verdade, porém mínimo,
muito mal sombreando o chão da xícara.

Mas por que me queixar? Muito pior
já se deu: certa vez, ao próprio Poeta,
Ele mesmo, em Pessoa, dobrada à
moda do Porto não serviram fria?!

Mas estou a brincar... Ah, Portugal,
só de ver-te o aeroporto já me rasga
vasta emoção! Não deves pensar mal

deste escriba. Recebe em tua calma
tais ousadias. Foi de ti, afinal,
que herdei a minha língua – e a minha alma...

ENDEREÇOS

Vai rasgando lentamente
as fichas de endereços.
Aqui morava um poeta
que bebia como um
capitão de longo curso
de oceanos de rum
– ou de outro álcool qualquer,
pois tudo valia a pena
àquela alma tão plena.

Nesta rua o amigo sério
levava vida de asceta,
buscando luzes a bordo
de tomos inavegáveis,
os quais, se luzes possuíam,
tornavam-nas inviáveis
por tanto embuçá-las em
argumentos tão noturnos
como se em luto fechado.

Aqui habitava um anjo.
Outro ali. E outros mais. Todos
com nomes que soavam suaves
lembrando flor e menina
como Rosa, Margarida,
Violeta, Flor de Lis
e as espécies Maria.

Nomes: só o que resta desses
doces animais extintos.

Vai rasgando lentamente
os retângulos que um dia
lhe ofereceram corretos
límpidos rumos de vida,
cálidos clarões de afeto
e se tornaram palavras
inúteis, que os endereços
agora são outros e
só em lápides inscritos.

2. ALGUNS RAPAZES

ANTONIO BRASILEIRO

Rumina um sonho: gado sonolento
entre as ondas que o vento faz no pasto,
que é vasto como o gesto desse vento
amplo como o horizonte vasto, vasto.

Há deuses nas colinas desse vento
e nas fontes profundas desse pasto
– que são, assim, mais verdes e mais vastos
que quaisquer pastos, horizontes, ventos.

Rumina um sonho – e sonhos nesse sonho,
que sonham outros mais. Na tarde amena,
tudo é sonho de deuses e rebanhos.

E ele se deixa navegar, sereno,
nos vastos pastos ventos horizontes
e, denso, de alma toda, escreve um poema.

A VONTADE

Jaguar, que também é Sérgio
de Magalhães Jaguaribe,
fez registrar em cartório
que, ao concluir a vida,
seja seu corpo cremado
e as cinzas distribuídas
pelos bares em que haja
eventualmente bebido.

Fato que assaz preocupa
a nomeada executora
da vontade – Célia, a própria
mulher do cujo, doutora
que de hábito leva tudo
com espírito folgazão
e agora se preocupa
de grave preocupação.

Pois, não sendo seu marido
tão amplo de carnes quão
vasto em deveres etílicos,
será difícil cumprir-se
essa vontade: que as cinzas
jamais serão suficientes
a tantos bares bebidos,
mesmo se distribuídas
com extrema contenção,

cabendo apenas a cada
não mais do que um quinhão
parco, breve, limitado
à quantidade de um grão.

O QUE PENSA UM DEFENSOR DE CANUDOS ENQUANTO AGUARDA SUA VEZ DE SER DEGOLADO PELOS SOLDADOS DA REPÚBLICA

(Bahia, 17 de outubro de 1897)

Às vezes, nem parece o fim do mundo:
se a gente olha mais longe, para o fundo

do horizonte – esse pasto azul, de calma –
até sente um calor de infância, de alma.

De sonho. Desse sonho que sonhamos
– como no chão perverso semeamos,

e de onde, prosternados, recolhemos
o que bastava para o que vivemos

todos: a mesma vida em fé e pão,
nesta espera do Mar, do Céu: Sertão.

E agora... Agora é a luz despedaçada!
Mas minha alma prossegue iluminada,

e olha, sem medo, os que vão afogar
o mundo no meu sangue. Hei de chegar

até eles sereno. Neste fim,
um denso sentimento cresce em mim,

me conforta (e as dores todas somem):
como aqueles não sou – eu sou um homem

que se sonha no sonho que colheu.
Este sonho de trevas não sou eu.

A CIDADE E OS SONHOS

(maio-junho/2000)

A
Affonso Manta,
habitante desta cidade
e destes sonhos;

Aleilton Fonseca,
que capta nas cidades
a poesia e seus sonhos;

Matilde e Mario,
meus filhos,
noutras cidades,
noutros sonhos.

"Ainsi, il me paraît, en ce moment, que la mémoire est une faculté merveilleuse et que le don de faire apparaître le passé est aussi étonnant et bien meilleur que le don de voir l'avenir."
Anatole France: *Le livre de mon ami*

"O que é o nosso passado senão uma série de sonhos? Que diferença pode haver entre recordar sonhos e recordar o passado?"
Jorge Luis Borges: *O livro*

"Fui-o outrora agora."
Fernando Pessoa

9. TANGOS

Voavam dos discos negros
e velozes.

Voavam
da radiola em que dávamos corda com uma manivela
prateada.
Voavam
na sala
saíam
pela janela
enchendo a rua de vozes
trágicas.

A noite esfriava lentamente.

Os discos
voltavam
às suas capas de
papel.

Em mim,
recolhiam-se as vozes e os
bandoneons
que
para sempre
juntaram à minha vida suas almas
dilaceradas.

11. A SUICIDA

Quando atentou contra a vida
entristeceu a cidade.

Mais tolo e sério motivo:
um amor contrariado.

A comoção arrepiou
do comunista ao vigário.

Algumas vozes pesadas
arquitetaram vingança,

mas o caixeiro-viajante,
que jurara e perjurara,

já ia lépido e longe,
levando o sonho dos sonhos:

grinalda, véu, aliança,
padrinhos, padre, juiz

e marcha nupcial.
Pobre moça. Ainda bem

que o gesto tresloucado
não chegara a cumprir sua

sinistra finalidade,
embora tivesse havido

forte determinação
– tanto que ela bebera,

de uma só vez, todo um vidro
de tinta – para canetas –

Parker Quink. Felizmente,
de um azul claro, suave

e (o que por certo lhe
salvara a vida) lavável.

15. MAGIAS

Ao vento de agosto as mãos do pai
eram especialmente mágicas.
Papel, cola, tesoura, talas de bambu.
As arraias subiam como pássaros em flor.
Era um céu suntuoso sobre a cidade.

Depois sopraram outros ventos.

O céu, porém, continuou o mesmo.
Só preciso erguer o olhar e lá estão
as arraias
em toda a sua glória.

Acho que é por isso que ainda me demoro
por aqui
e até ouso, como agora,
algumas palavras
(ainda que baratas demais para a qualidade do papel
de rascunho).

E penso que talvez seja também
por isso,
por magias como aquelas,
nascidas das mãos do pai,
que o espírito de Deus não mostra pressa em voltar
a se mover
sobre a face das águas.

17. VESTIDOS

Dos vossos vestidos brancos
é que me nascia o dia
aos domingos, e a alma nítida
de uma inquieta alegria.

Dos vossos vestidos brancos
vinha uma luz que esplendia
e desfazia o que era
sombra da noite vazia.

(Ou pior: noite habitada
de ânsias, melancolia,
desejos da carne, assombros,
e outros charcos de agonia.)

Em vossos vestidos brancos
fremia uma melodia
de anjos de tranças brandas
em que meu tremor vivia.

Dos vossos vestidos brancos
me vem o que, neste dia,
aquece o que ainda me resta
de escombros de poesia.

20. CACIMBA

No sujo céu da cacimba
mergulham, ágeis, esguios.
Em círculo, admiramos
seus gestos, seus desafios
ao barro, à água intranslúcida.
Risos, gritos, assobios
convocam íntima chama
a aquecer os corpos frios.

Estranhos heróis de lama,
água morta, calafrio.
Vos admiro do fundo
do meu temor desse frio,
do meu terror dessa água
com seu obscuro vazio,
sua morte calada, calma,
sem alma de mar ou rio.

Vos admiro e vos sigo
no mergulho no vazio
sujo de traições e trevas
da vida de fúria e cio.
Convosco aprendi o salto,
o grito, o riso, o assobio
com que vencer as escuras
brumas do meu próprio frio.

22. A MENINA E O ANJO

O que fazia o teu Anjo da Guarda,
que te deixou ficar assim branca branca,
neste vestido branco,
neste caixão tão branco que me dói nos olhos
há tantos anos?

Em que se distraía ele,
o Anjo,
enquanto baixava esta palidez
que te apagou as cores
como me descoloriu a alma quando te vi
em tua brancura à porta da igreja
branca?

Onde estava ele,
o Omisso,
a quem eu diria as mais terríveis palavras
se o encontrasse?
(Palavras
que, afinal, seriam inúteis,
sem sentido,
pois todos os Anjos, principalmente os da Guarda,
são assim,
por sua própria natureza, que é a dos deuses,

para os quais nada significa uma menina branca,
[vestida de branco,
num caixão branco,
e menos ainda um homem que a recorda desde a
[infância,
que nunca deixou de vê-la, por toda a vida,
na mesma tarde cinzenta com um sino tocando e
[um sol escasso
pondo um ouro fosco e frio
nos telhados.)

23. NOITE DE JUNHO

Altas luzes navegando
nas ondas da noite vasta.
(Em doce olhar fugidio,
uma outra luz me devasta.)

No céu, cabeleiras de ouro,
grandes lágrimas de prata.
(Na alma, apenas os lampejos
dessa lua que me mata.)

Bombas, risadas, canções.
Respiro sonho e fumaça.
(Para onde se irá a vida,
entre esperança e desgraça?)

Sinto em mim que estou sentindo
demais. Será sempre assim?
(E o frio, que todo me envolve,
virá da noite ou de mim?)

Altas luzes, prata e ouro,
olhar de noite fechada...
(Fulguro secretamente
nas trevas da madrugada.)

29. MORINGAS

Na calma das moringas
não se perde o rio.
Na água em repouso
ainda sonha o frio
da alma que flui,
espuma, ou voa (quando
se lança no vazio).

Da calma das moringas,
a alma do rio
vem nos saciar
a cada gole frio.
Que se torna cálido
ao tocar a alma
que aguardava o rio.

Na alma das moringas,
o que sonha é o rio.
Na água que dorme
na calma do frio.
Água que nos traz,
ao corpo e à alma,
o sonho do rio.

31. AÇUDE

Desde o início percebi
que esperavas por mim.
Desde o meu primeiro olhar
à tua noite pesada.

Que esperavas por mim
com tua alma fria e vasta,
com tuas baratas-d'água,
com tua esquistossomose,
teus anjos feitos de lama,
sombras, cadáveres de árvores.

Que esperavas por mim
(e ainda esperas, eu sei).
Que me querias (e me queres),
como quiseste (e até foste
buscá-los bem junto à margem)
meninos, homens, mulheres.
(De um me recordo bem:
o carpinteiro, que usava
óculos de grossas lentes
e saiu para pescar
em barco e manhã cinzenta.)

E em meus sonhos, tuas águas,
nos dias, nas madrugadas,
me sonhando, me envolvendo...

Nunca te esqueces de mim,
como de ti nunca esqueço.
Te refletes em meus olhos,
como me reflito em ti.
E assim rolamos nas águas
desse sonho nevoento,
nos afogando, recíprocos:
eu em ti por muitas vezes,
de tanto com tuas águas
me assombrar. E tu em mim
(águas à espera no Tempo),
quando eu em mim me afogar.

32. NARO

Então, naquela noite,
Naro pegou o rumo de casa,
assombrado, como sempre, pela cachaça barata
que lhe arquitetava labirintos e vácuos no caminho.

E se foi.

E a pedra estava lá.

Na rua silenciosa,
nada se ouviu.
E ele continuou,
vencendo o que ainda restava de espantos
e vertigens,
até o barraco e as palhas
de dormir.

Dia alto, um menino seguiu
a trilha que começava na pedra.

Encontrou-o muito quieto e branco.

Do pé direito já parara de escorrer a úmida ferrugem
que começara na pedra e agora marcava também
as palhas e o chão de terra batida.

Alguém, no silêncio morno,
falou em destino.

Fiquei pensando naquela pedra
com uma missão mortal determinada
desde o princípio dos tempos.

Aquela pedra, ali, vulgar e triste
como a ideia de destino.

38. SONHOS

Longos fios de luar pelas frinchas do telhado.
A cidade dorme e sonha contigo
colhendo fios de luar no silêncio.

Não tens sono, nem frio. Nem medo,
que esta não é uma lua própria para lobisomens
(ou eles, com as almas penadas, estão encantados
nos grandes lagos de luar que imaginas lá fora).

Os fios de luar deslizam lentamente pela parede.
Prendes um, o mais longo e nítido, sob as pálpebras.
É um caminho por onde sobes, fulgurante em prata,
até a cidade sonhar, já nos confins do sono,
que colhes fios de ouro que se derramam
da manhã por entre as frinchas do telhado.

41. PERMANÊNCIA

À beira de partir, compreende
que não partirá.
Embora a viagem se cumpra,
esta e outras se cumpram,
não partirá.

E tudo será o mesmo.
Nem o vento que passa
passará,
embora em movimento
como sempre,
soprando
as árvores,
as nuvens,
os cabelos.

Seguirá, então, em segurança.
Para o longe dos longes, não importa.
Nunca haverá
adeus.

Antes da morte, nenhum poder
lhe apagará a dor de não se ir
jamais.

BIOGRAFIA

Ruy Alberto d'Assis Espinheira Filho nasceu em Salvador, Bahia, no dia 12 de dezembro de 1942, filho de Ruy Alberto de Assis Espinheira, advogado, e Iracema D'Andrea Espinheira, de ascendência italiana. Passou a infância em Poções e a adolescência em Jequié, cidades do sudoeste baiano. De volta a Salvador, em 1961, estudou no Colégio Central da Bahia e, levado pelo poeta Affonso Manta, que conhecia desde Poções, ingressou no grupo boêmio capitaneado pelo poeta Carlos Anísio Melhor. Ainda nos anos 1960, começou a publicar na revista *Serial*, criada por Antonio Brasileiro, e se iniciou no jornalismo como cronista da *Tribuna da Bahia* (1969-1981), onde também trabalhou como copidesque e editor (1974-1980). Colaborou ainda com o *Pasquim*, como correspondente na Bahia (1976-1981), e foi contratado como cronista diário do *Jornal da Bahia* (1983-1993). Atualmente assina artigos quinzenais em *A Tarde*.

Graduado em Jornalismo (1973), mestre em Ciências Sociais (1978) e doutor em Letras (1999) pela Universidade Federal da Bahia (UFBA), e doutor *honoris causa* pela Universidade Estadual do Sudoeste da Bahia (UESB, 1999), Ruy Espinheira Filho é membro da Academia de Letras de Jequié e da Academia de Letras da Bahia. Publicou dezenove livros de poemas, nove de ficção e três volumes de ensaios literários. Lançou ainda o CD *Poemas*, gravado pelo próprio autor, com 48 textos extraídos de seus livros, além de alguns inéditos (2001). Em 2010, aposentou-se como professor associado do Departamento de Letras Vernáculas do Instituto de Letras da UFBA. Contos e poemas seus foram incluídos em diversas antologias, no Brasil e no exterior (Portugal, Itália, França, Espanha e Estados Unidos).

BIBLIOGRAFIA

DO AUTOR

Poesia

Poemas (com Antonio Brasileiro). Feira de Santana: Edições Cordel, 1973.
Heléboro. Feira de Santana: Edições Cordel, 1974.
Julgado do vento. Rio de Janeiro: Civilização Brasileira, 1979.
As sombras luminosas. Florianópolis: FCC Edições, 1981. (Prêmio Nacional de Poesia Cruz e Sousa)
Morte secreta e poesia anterior. Rio de Janeiro: Philobiblion/INL, 1984.
A guerra do gato (infantil). Salvador: Jornal da Bahia, 1987; 2. ed. Rio de Janeiro: Bertrand Brasil, 2005.
A canção de Beatriz e outros poemas. São Paulo: Brasiliense/Jornal da Bahia, 1990.
Antologia breve. Rio de Janeiro: Universidade do Estado do Rio de Janeiro, 1995. (Poesia na UERJ)
Antologia poética. Salvador: Copene/Fundação Casa de Jorge Amado, 1996.
Memória da chuva. Rio de Janeiro: Nova Fronteira, 1996. (Finalista do Prêmio Nestlé de Literatura Brasileira e do Prêmio Jabuti, 1997; Prêmio Ribeiro Couto – União Brasileira de Escritores, 1998)

Livro de sonetos. Feira de Santana: Edições Cordel, 1998. (Coleção Poiuy); 2. ed. rev. ampl. e il. Salvador: Edições Cidade da Bahia/Capitania dos Peixes, 2000.

Poesia reunida e inéditos. 2. ed. Rio de Janeiro: Record, 1998.

A cidade e os sonhos/Livro de sonetos. Salvador: Edições Cidade da Bahia/Fundação Gregório de Matos, 2003.

Elegia de agosto e outros poemas. Rio de Janeiro: Bertrand Brasil, 2005. (Prêmio Academia Brasileira de Letras de Poesia, 2006; 2º lugar no Prêmio Jabuti da Câmara Brasileira do Livro, 2006; Menção Especial do Prêmio Cassiano Ricardo – UBE/RJ, 2006)

Romance do sapo seco: uma história de assombros. Salvador: Edições Cidade da Bahia, 2005.

Sob o céu de Samarcanda. Rio de Janeiro: Bertrand Brasil, 2009. (Finalista do Prêmio Jabuti, 2010; indicado ao Prêmio Portugal Telecom, 2010)

Livro de canções e inéditos. Salvador: P55, 2011. (Cartas bahianas)

Viagem e outros poemas. Salvador: P55, 2011. (Cartas bahianas)

Ficção

Sob o último sol de fevereiro (crônicas). Rio de Janeiro: Civilização Brasileira, 1975.

O vento no tamarindeiro (contos). Rio de Janeiro: Codecri, 1981.

Ângelo Sobral desce aos infernos (romance). Rio de Janeiro: Philobiblion/Fundação Rio, 1986. (2º lugar no Prêmio Rio de Literatura, 1985)

O rei Artur vai à guerra (novela). São Paulo: Contexto, 1987. (Finalista do Prêmio Bienal Nestlé, 1986)
O fantasma da delegacia (novela). São Paulo: Contexto, 1988; 2. ed. 1989.
Os quatro mosqueteiros eram três (novela). São Paulo: Contexto, 1989.
Últimos tempos heroicos em Manacá da Serra (romance). Belo Horizonte: Oficina de Livros, 1991.
Um rio corre na Lua (romance). Belo Horizonte: Leitura, 2007. (Indicado ao Prêmio Portugal Telecom, 2008)
De paixões e de vampiros: uma história do tempo da Era (romance). Rio de Janeiro: Bertrand Brasil, 2008. (Indicado ao Prêmio Portugal Telecom, 2009)
Andrômeda e outros contos. Salvador: Caramurê, 2011.

Ensaio

O nordeste e o negro na poesia de Jorge de Lima. Salvador: Fundação das Artes/Empresa Gráfica da Bahia, 1990.
Tumulto de amor e outros tumultos: criação e arte em Mário de Andrade. Rio de Janeiro: Record, 2001.
Forma e alumbramento: poética e poesia em Manuel Bandeira. Rio de Janeiro: José Olympio/Academia Brasileira de Letras, 2004.

Em CD

"História". Leitura de Maria Barroso. *Vozes poéticas da lusofonia*. Sintra: Gravisom, 1999.
Poemas. Leitura do autor. Salvador: Grandes Autores/ Capitania dos Peixes, 2001.

SOBRE O AUTOR

BRITO, Antonio Carlos de. Concursos e concorrentes. *Leia livros*, São Paulo, v. 4, n. 43, p. 5, 15 fev. 1982.

BUENO, Alexei. *Uma história da poesia brasileira*. Rio de Janeiro: G. Ermakoff, 2007.

DAMULAKIS, Gerana. Livro de sonetos. *A Tarde*, Salvador, 4 dez. 2000. Caderno 2, Coluna Leitura, p. 5.

FERNANDES, Rinaldo de. Ruy Espinheira Filho: poeta das perdas. *Rascunho*, Curitiba, fev. 2008. Coluna Rodapé.

FERREIRA, Izacyl Guimarães. Elegia de agosto e outros poemas. *Revista da UBE*, São Paulo, n. 111, p. 85-86, out. 2005.

______. Forma conquistada: a propósito de Ruy Espinheira Filho. *Jornal de Poesia*, 11 jul. 2005. Disponível em: <http://www.jornaldepoesia.jor.br/izacyl14.html>. Acesso em: 6 out. 2011.

FIGUEIREDO, Rubens. Precisão. *Jornal do Brasil*, Rio de Janeiro, 22 set. 1979. Caderno B, Suplemento Livro, p. 11.

FREITAS, Iacyr Anderson. *As perdas luminosas*: uma análise da poesia de Ruy Espinheira Filho. Salvador: Fundação Casa de Jorge Amado/ EDUFBA, 2001. 148 p. (Casa de palavras)

______. "O desamparo no jardim". In: ______. *Quatro estudos*. Juiz de Fora: Edições d'Lira, 1998. p. 5-12.

HOHFELDT, Antonio. Os tempos piores de Ruy. *Correio do Povo*, Porto Alegre, 13 abr. 1982.

JUNQUEIRA, Ivan. Metro curto, metro longo, alta qualidade. *O Globo*, Rio de Janeiro, 16 set. 1979.

______. O lirismo elegíaco de Ruy Espinheira Filho. *Exu*: revista trimestral da Fundação Casa de Jorge Amado, Salvador, n. 35, 1997; republicado em: *O fio de Dédalo*: ensaios. Rio de Janeiro: Record, 1998, p. 72-89; e como prefácio de *Elegia de agosto e outros poemas*. Rio de Janeiro: Bertrand Brasil, 2005.

______. "Sombras luminosas". In: ______. *O encantador de serpentes*: ensaios. Rio de Janeiro: Alhambra, 1987. p. 180-184.

LANZILLOTTI, Luciano. *Presença de ausência*: tempo e memória na poesia de Ruy Espinheira Filho. Dissertação (Mestrado) – Universidade Federal do Rio de Janeiro, Rio de Janeiro, 2007.

MARTINS, Floriano. Memorialismo e lírica nos versos de Ruy Espinheira Filho. *Jornal da Tarde*, São Paulo, 27 fev. 1999. Caderno de Sábado, p. 4.

MOISÉS, Carlos Felipe. A canção de Beatriz. *O Estado de S. Paulo*, São Paulo, 4 maio 1991. Suplemento Cultura, ano 8, n. 560, p. 10.

MOTA, Valéria Lessa. *O inquilino do incêndio*: poesia e experiência urbana em Ruy Espinheira Filho. Dissertação (Mestrado) – Universidade Estadual de Feira de Santana, Feira de Santana, 2002. 199 p.

______. Sombras sobre a cidade: uma leitura de "Poções revisitado – algumas notas", poema de Ruy Espinheira Filho. *Memória conquistense*: revista do Museu Regional de Vitória da Conquista, Vitória da Conquista, n. 8, p. 199-220, 2007.

PÓLVORA, Hélio. Poeta de epifanias. *A Tarde*, Salvador, 13 abr. 1996. A Tarde Cultural, p. 9.

SANCHES NETO, Miguel. A torre e a lua. *Gazeta do Povo*, Curitiba, 7 out. 1996. Caderno G, p. 4.

______. Animal recordativo. *Gazeta do Povo*, Curitiba, 6 jun. 2005; republicado em *Jornal do Brasil*, 8 jun. 2005. Caderno B.

______. Cidade memorável. *Gazeta do Povo*, Curitiba, 17 mar. 2003. Caderno G.

______. Memória enluarada. *Blau*, Porto Alegre, n. 16, 1997.

______. Quando as sombras são luminosas. *Gazeta do Povo*, Curitiba, 14 set. 1998; republicado em *A Tarde*, Salvador, 22 maio 1999. A Tarde Cultural, p. 11.

SANTANA, Valdomiro. A grande dor das coisas que passaram. *A Tarde*, Salvador, 30 dez. 1990.

SCHULER, Donaldo. Espinheira, testemunho de um momento. *O Estado de S. Paulo*, 29 nov. 1981.

SEIXAS, Cid. O lirismo como expressão pessoal. *A Tarde*, Salvador, 14 abr. 1997. Caderno 2, p. 5.

______. Saltos de invenção. *A Tarde*. Salvador, 6 jan. 2001. A Tarde Cultural, p. 10-11.

______. Uma verdadeira antologia poética. *A Tarde*, Salvador, 6 maio 1996. Caderno 2, p. 7; republicado em: SEIXAS, Cid. *Triste Bahia, oh! quão dessemelhante*: notas sobre a literatura na Bahia. Salvador: EGBA/Secretaria de Cultura e Turismo, 1996. p. 219-222. (As letras da Bahia)

SIMÕES, Alex. *O que ler no poema*: crítica e criação literária em Ruy Espinheira Filho. Dissertação (Mestrado) – Universidade Federal da Bahia, Salvador, 2004. 110 p.

VIANA, Antônio Carlos. Ítaca não há mais. *Jornal da Manhã*, Aracaju, 11 ago. 1991. Arte & Palavra, n. 11, p. 6.

WILLER, Claudio. Ruy Espinheira, um bom poeta baiano. São Paulo: *Retrato do Brasil*, n. 43, 25 nov. 1986.

XAVIER, Jayro José. Ruy Espinheira Filho: julgado do vento. *Colóquio/Letras*, Lisboa, n. 58, 96-97, nov. 1980.

ÍNDICE

AS SOMBRAS LUMINOSAS (1975-1980)

MORTE SECRETA E POESIA ANTERIOR (1976-1984)

A CANÇÃO DE BEATRIZ E OUTROS POEMAS (1985-1990)

MEMÓRIA DA CHUVA (1990-1996)

ELEGIA DE AGOSTO E
OUTROS POEMAS (1996-2004)

A CIDADE E OS SONHOS (MAIO-JUNHO/2000)

COLEÇÃO MELHORES CONTOS

Aníbal Machado
Seleção e prefácio de Antonio Dimas

Lygia Fagundes Telles
Seleção e prefácio de Eduardo Portella

Breno Accioly
Seleção e prefácio de Ricardo Ramos

Marques Rebelo
Seleção e prefácio de Ary Quintella

Moacyr Scliar
Seleção e prefácio de Regina Zilbermann

Machado de Assis
Seleção e prefácio de Domício Proença Filho

Herberto Sales
Seleção e prefácio de Judith Grossmann

Rubem Braga
Seleção e prefácio de Davi Arrigucci Jr.

Lima Barreto
Seleção e prefácio de Francisco de Assis Barbosa

João Antônio
Seleção e prefácio de Antônio Hohlfeldt

Eça de Queirós
Seleção e prefácio de Herberto Sales

Mário de Andrade
Seleção e prefácio de Telê Ancona Lopez

Luiz Vilela
Seleção e prefácio de Wilson Martins

J. J. Veiga
Seleção e prefácio de J. Aderaldo Castello

João do Rio
Seleção e prefácio de Helena Parente Cunha

Ignácio de Loyola Brandão
Seleção e prefácio de Deonísio da Silva

Lêdo Ivo
Seleção e prefácio de Afrânio Coutinho

Ricardo Ramos
Seleção e prefácio de Bella Jozef

Marcos Rey
Seleção e prefácio de Fábio Lucas

Simões Lopes Neto
Seleção e prefácio de Dionísio Toledo

Hermilo Borba Filho
Seleção e prefácio de Silvio Roberto de Oliveira

Bernardo Élis
Seleção e prefácio de Gilberto Mendonça Teles

Autran Dourado
Seleção e prefácio de João Luiz Lafetá

Joel Silveira
Seleção e prefácio de Lêdo Ivo

João Alphonsus
Seleção e prefácio de Afonso Henriques Neto

Artur Azevedo
Seleção e prefácio de Antonio Martins de Araujo

Ribeiro Couto
Seleção e prefácio de Alberto Venancio Filho

Osman Lins
Seleção e prefácio de Sandra Nitrini

Orígenes Lessa
Seleção e prefácio de Glória Pondé

Domingos Pellegrini
Seleção e prefácio de Miguel Sanches Neto

Caio Fernando Abreu
Seleção e prefácio de Marcelo Secron Bessa

Edla van Steen
Seleção e prefácio de Antonio Carlos Secchin

Fausto Wolff
Seleção e prefácio de André Seffrin

Aurélio Buarque de Holanda
Seleção e prefácio de Luciano Rosa

Aluísio Azevedo
Seleção e prefácio de Ubiratan Machado

Salim Miguel
Seleção e prefácio de Regina Dalcastagnè

Ary Quintella
Seleção e prefácio de Monica Rector

Hélio Pólvora
Seleção e prefácio de André Seffrin

*Walmir Ayala**
Seleção e prefácio de Maria da Glória Bordini

*Humberto de Campos**
Seleção e prefácio de Evanildo Bechara

**Prelo*

Impresso por:

Graphium
Gráfica e editora

Tel: (11) 2769-9056